Gary Smalley
Der Schlüssel zum Herzen unseres Kindes

W0171630

Gary Smalley

Der Schlüssel
zum Herzen
unseres Kindes

Editions Trobisch

Die Originalausgabe erschien unter dem Titel
The Key To Your Child's Heart
im Verlag Word Books, England
© 1984 Gary Smalley

ISBN 3-87827-004-6

Copyright der deutschen Ausgabe:
© 1988 Editions Trobisch, Postfach 2048, 7640 Kehl
Umschlaggestaltung: Gisela Scheer
Bild: Image Bank
Übersetzung: Ulrike Schumacher
Satz: Typo Schröder, Dernbach/Dierdorf
Druck: St.-Johannis-Druckerei, Lahr
24802/1988

Inhalt

Der Schlüssel zum Herzen
unseres Kindes

Als wir in den Sommerferien durch das Land reisten, litten wir sehr darunter, daß es zwölf Tage ohne Unterbrechung regnete. Alles in unserem Wohnwagen war feucht, und wir fünf waren uns alle überdrüssig.

Wir waren nach Kanada gefahren, um uns an der Schönheit des Banff Nationalparks zu erfreuen. Ich hatte meiner Familie die wunderschönen Berge und Flüsse beschrieben, die wir dort sehen würden. Aber während drei Tagen verbargen Nebel und Regen die malerische Landschaft vor unseren Augen. Am vierten Morgen saßen wir in einem Restaurant und berieten darüber, was wir tun sollten. Ich setzte mich nachdrücklich dafür ein, zurück nach Phoenix zu fahren, wo es warm und trocken war. Ich würde von dort aus alleine zu meinem nächsten Vortragstermin in Seattle fliegen. Meine Frau Norma bat aber darum, einen vierten Tag in Kanada zu bleiben und darauf zu warten, daß die Sonne endlich durch die Wolken durchbreche. Kari, unsere fünfzehn Jahre alte Tochter, wollte hingegen weiter in Richtung Seattle fahren. Unsere beiden Söhne „forderten", daß wir nach Washington zum Fischen fahren. Und schließlich entschlossen wir uns, noch einen weiteren Tag dort zu verweilen, bis uns endlich die Sonne die Pracht der kanadischen Rocky Mountains enthüllte.

Warum konnten wir fünf – und auch andere Familien wie wir – solch stressige Zeiten wie in Kanada durchleben und uns dennoch einander nahe fühlen und uns freuen? Viele andere Familien sind so zerstritten, daß sogar eine kleinere Krise die Familienmitglieder in alle Richtungen zerstreuen kann.

Es gibt viele hervorragende Bücher über Kindererziehung. Nachdem ich aber einige gelesen hatte, tauchte bei mir immer öfters die Frage auf: „Wozu soll man es versuchen? Es ist doch ohnehin zu schwer!" Bei meinen Vorträgen und in seelsorgerlichen Gesprächen habe ich erkannt, daß viele Eltern ähnliche Frustrationen und Schuldgefühle erleben.

Wenn Sie dieses Buch lesen, werden Sie entdecken, daß wir eine durchschnittliche Familie mit sehr typischen Konflikten sind. Aber wir haben versucht, für diese Konflikte Lösungen zu finden, die man auch auf andere Familien übertragen kann. Wir lassen Sie daran teilhaben, was bei uns zu Hause praktikabel war und was nicht. Wir teilen Ihnen die wichtigsten Faktoren mit, die dazu beitrugen, aus uns eine eng zusammengewachsene Familie zu machen.

Wir fassen ebenfalls zusammen, welche Aussagen einige Fachleute heute über Kindererziehung gemacht haben. Es gibt zum Beispiel vier verschiedene Elterntypen. Aber nur einer dieser vier Elterntypen löst bei Kindern die positivste Entwicklung aus. Wir untersuchen, warum die Kinder solcher Eltern ein größeres Selbstwertgefühl haben, weniger aufsässig und in der Regel im Leben erfolgreicher sind als andere.

Sie werden etwas darüber erfahren, wie wir mit Hilfe einer einfachen Methode – mit „Verträgen" – Ordnung und Harmonie in unsere Familie gebracht haben. Wir diskutieren über verschiedene praktische Wege, wie man ein Kind davor bewahren kann, vor der Ehe sexuelle Beziehungen einzugehen.

Wenn Sie sich fragen, wie Sie Ihre Kinder dazu bewegen können, daß sie ihre Zimmer aufräumen, bestimmte schädliche Aktivitäten unterlassen, machen wir Ihnen Vorschläge, wie Sie sie motivieren können. Ebenso vermitteln wir Ihnen einen Weg, mittels dessen Ihre Kinder Ihnen aufmerksam zuhören werden.

Dieses Buch informiert über grundlegende Prinzipien, die ich als den *Schlüssel* in der Kindererziehung bewerte. Besonders das erste Kapitel behandelt ein Prinzip, das, gewissenhaft angewandt, eine engere Beziehung zwischen Eltern und Kindern herstellen kann. Meiner Meinung nach liegt hier der *Schlüssel zu dem Herzen Ihres Kindes*.

Die Nichtbeachtung dieses Prinzips hat zweifellos mehr Familien zerstört als irgendein anderer Umstand. Es ist der Hauptgrund, warum viele Kinder von zu Hause weglaufen und warum viele andere Kinder die Wertvorstellungen und moralischen Maßstäbe ihrer Eltern verwerfen. Weniger Teenager würden zu Drogen oder Alkohol greifen, wenn die Eltern bereit wären, etwas hinzuzulernen.

Deshalb bildet das im ersten Kapitel dargestellte Prinzip die Grundlage für eine erfolgreiche Kindererziehung. Ich empfehle Ihnen, dieses grundlegende Kapitel mehrere Male durchzulesen. Ich kann Ihnen versichern, daß es große Freude bereitet, wenn eine Familie eng zusammenwächst, und daß sich Ihre Bemühungen lohnen werden.

1

Wie man den Hauptzerstörer der Familie überwinden kann

Als ich eines Abends ein Ferngespräch führte, ließ mein damals fünfjähriger Sohn Greg aus dem Badezimmer neben unserem Schlafzimmer einen grauenhaften Schrei los. Er kam hereingerannt und schrie so laut, daß ich die Stimme meines Gesprächspartners nicht mehr hören konnte. Ich bemerkte, wie mein Blutdruck anstieg, als ich ihm durch Zeichen zu verstehen gab, daß er ruhig sein solle. Ich deutete ihm mit Gesten an, was ihn erwartete, wenn er nicht augenblicklich still wäre. Aber Greg schrie unverdrossen weiter. Ich beendete also das Telefongespräch, indem ich meinem Gesprächspartner sagte, ich würde ihn später zurückrufen.

Als ich den Hörer einhängte, packte ich Greg beim Arm. „Warum schreist du?" fragte ich ihn. „Hast du nicht gesehen, daß ich gerade telefonierte?"

Ohne auf eine Antwort zu warten, schob ich ihn in den Flur und sagte: „Du gehst jetzt sofort in dein Zimmer." Er fiel hin, als ich ihn schubste, stand jedoch wieder auf und rannte, immer noch weinend, in sein Zimmer.

Ich ergriff den Stock, den wir immer zum Bestrafen benutzen – die ganze Familie hatte beim Bemalen dieses Stocks mitgeholfen –, und forderte ihn auf, sich auf das Bett zu legen. Dann gab ich ihm einige Schläge. Zufrieden über die Strafe, die ich erteilt hatte, lehnte ich mich zurück und dachte: „Das kommt davon, wenn man meine Gebote übertritt." Keiner durfte so laut schreien, wenn ich telefonierte – ich wollte doch verhindern, daß irgend jemand den Eindruck bekam, meine Familie wäre außer Kontrolle geraten.

Wir haben es uns zur Gewohnheit gemacht, ein Kind in die Arme zu nehmen und ihm unsere Liebe erneut zuzusichern, nachdem es bestraft wurde. Aber dieses Mal geschah etwas,

was mir Angst einjagte. Greg weinte immer noch. Er stand auf, und seine Augen drückten aus: „Ich hasse dich!" Er wich mir aus, um mich wissen zu lassen, daß er von mir nicht angerührt werden wollte. Ich erkannte plötzlich, was ich getan hatte. Ich wußte, daß ernsthafte Folgen in unserer Beziehung unausweichlich wären, würde ich nicht sofort etwas unternehmen. Glücklicherweise hatte mir jemand beigebracht, was man in solchen Fällen am besten tut. Innerhalb weniger Minuten lagen wir uns auf seinem Bett in den Armen und hatten wieder eine gute Gemeinschaft.

Was sich dort wirklich abspielte, hat unsere Familie immer wieder davor bewahrt, in tiefe Konflikte hineinzurutschen. Das grundlegende Prinzip, das ich Ihnen jetzt beschreiben möchte, ist ohne jeden Zweifel der wichtigste Faktor in unserer Familie, durch den wir Harmonie gefunden und beibehalten haben.

Wir leiden heute unter einer überwältigenden Epidemie zerbrochener Beziehungen. Wir brauchen gar nicht lange nach Beweisen zu suchen. In gewissem Sinn können wir dies in jeder Beziehung, innerhalb und außerhalb der Familie, entdecken. Ich hoffe, daß es mir gelingen wird, auf den folgenden Seiten deutlich zu machen, was sich meiner Erfahrung nach auf sämtliche Beziehungen, insbesondere den Beziehungen zu unseren Kindern, sehr positiv auswirken kann.

Grundlagen für dieses Buch sind meine mehr als zwanzigjährige seelsorgerliche Erfahrung, meine Beobachtungen in der eigenen Familie und die Kenntnisse von Experten bezüglich des Aufbaus persönlicher Beziehungen. Ich habe versucht, ganz einfach darzustellen, was hauptsächlich zu Disharmonie innerhalb und außerhalb der Familie führt.

Ein verschlossenes Herz

Die häufigste Ursache für Disharmonie und Unfrieden in einer Familie ist das, was ich als *ein verschlossenes Herz* bezeichne.
Was verstehe ich unter einem verschlossenen Herzen? Was ist die Ursache dafür? Jeder Mensch wird mit einem Geist (oder was ich hier Herz nenne), einer Seele und einem Körper geboren, und diese drei haben eine enge Wechselbeziehung

zueinander. Ich möchte den Geist bzw. das Herz als das innerste Wesen eines Menschen definieren, das seinem Gewissen ähnlich ist. In diesem Bereich können Menschen Gemeinschaft miteinander erleben und sich an der Gegenwart des anderen erfreuen, ohne daß Worte gewechselt werden müssen. Unsere tiefsten Beziehungen bauen wir auf dieser Ebene des Geistes oder des Herzens auf. Die *Seele* umfaßt unseren Verstand, unseren Willen und unsere Gefühle. Mit *Körper* ist natürlich unser Körperbau und unsere natürliche Veranlagung gemeint. Diese drei Bereiche machen gemeinsam einen ganzen Menschen aus.

Die Seele und der Körper werden vom Geist (oder Herzen) umgeben, ähnlich wie es auf dem folgenden Diagramm dargestellt ist.

Damit wir besser verstehen, wie Geist (oder Herz), Seele und Körper zusammenwirken, wollen wir ein Beispiel aus der Natur heranziehen. Als Kind beobachtete ich gerne die Seeigel an der Meeresküste. Man konnte sie leicht zwischen den Felsen in kleinen Wasserlachen finden, die durch Ebbe und Flut entstanden waren. Sie hatten einen Durchmesser von etwa 10–15 cm und sahen aus wie bunte Blumen mit Fangarmen, die sich sanft bewegten. Ich beobachtete jedoch etwas ganz Besonderes an ihnen. Wenn ich manchmal einen Stock nahm und einen von diesen Seeigeln damit berührte, zog dieser sofort seine sensiblen Fühler zusammen und verschloß sich, bis er wie eine Muschel war. Es sah ähnlich aus, als ob sich eine schöne Blume schließen würde. Jetzt war der Seeigel vor weiteren Verletzungen geschützt.

Dieses Beispiel mit den Seeigeln verdeutlicht, was bei einem Menschen geschieht, wenn er verletzt wird. Die Fühler oder Fangarme des Seeigels gleichen dem Herzen eines Menschen. Auf diesem Bild ist der Seeigel völlig geöffnet und verwundbar. Wenn man ihn jedoch mit einem Stock berührt, schließt er sich völlig. Auf ähnliche Weise verschließt sich ein Mensch, wenn er verletzt wird. Wenn er sein Herz verschließt, werden dadurch auch automatisch seine Seele und sein Körper für andere unzugänglich. Ist sein Herz offen, so ist auch seine Seele und sein Körper offen. Mit anderen Worten: Wenn die Herzen zweier Menschen geöffnet sind, reden sie gerne miteinander (seeli-

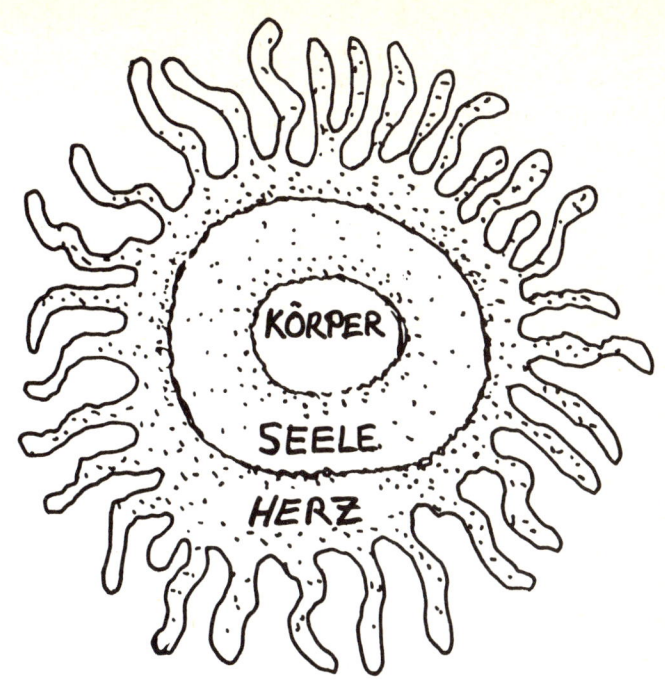

Sehr sensible Fühler

scher Bereich) und berühren sich gerne (körperlicher Bereich). Ein Mensch mit einem verschlossenen Herzen aber wird meist auch jegliche Kommunikation und jeglichen Kontakt mit anderen vermeiden. Genau dies hatte ich bei Greg beobachtet. Als ich ihn im Flur vor mir herschob und ihn anschrie, stach ich sozusagen *mit einem Stock in sein Herz.* Je gröber jemand angefaßt wird, desto größer ist der Schmerz, den dieser Mensch empfindet. Meine Grobheit, mein Schubsen und meine Schläge waren drei „Stöcke", mit denen ich ihn „schlug", ohne die Ursachen für sein Schreien ergründet zu haben. Mit jedem „Schlag" verschloß sich Greg – dem Seeigel vergleichbar – immer mehr. Greg verschloß nicht nur sein Herz mir gegenüber, sondern auch alle anderen Bereiche seines Lebens. Er mochte mich nicht mehr. Er wollte nicht mehr in meiner Nähe sein, nicht mehr mit mir reden, und er widersetzte sich meinen Versuchen, ihn zu berühren. Dies zeigte mir, daß er im Begriff war, mir sein

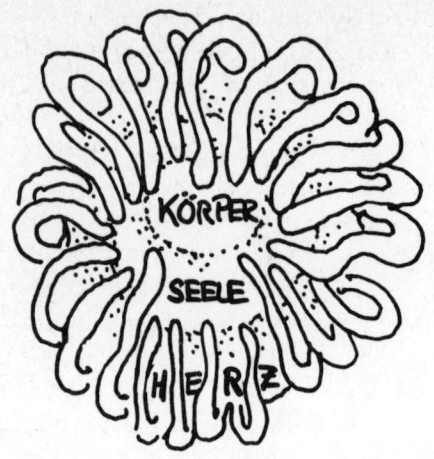

Sich schließende Fühler

Herz zu verschließen. Wenn ein Kind sich gegen Liebe und Zuneigung wehrt – wenn Sie seine Hand berühren und diese nur schlaff herunterhängt oder wenn Sie einen Arm um Ihr Kind legen und es sich von Ihnen abwendet, Sie abschüttelt und nicht mit Ihnen reden will –, bedeutet dies meist, daß Ihr Kind sein Herz verschließt.

Kennzeichen eines verschlossenen Herzens

Wenn ein Kind sein Herz verschließt, kann sich das auf vielerlei Weise zeigen. Es streitet vielleicht mit Ihnen und weigert sich, etwas zu tun, worum Sie es gebeten haben. Es widerspricht Ihnen immer wieder und weigert sich, etwas gern zu haben, was Ihnen gefällt! Es zieht sich vielleicht zurück, und meist reagiert es kaum auf zärtliche Annäherung.

Verschließt es sein Herz noch mehr, so sucht es sich vielleicht Freunde, die Sie nicht gerne sehen. Es schwört vielleicht oder benutzt schmutzige oder freche Worte. Ein verschlossenes Herz ist einer der Hauptgründe für den Drogen- und Alkohol-mißbrauch und einer der wichtigsten Gründe, warum Kinder sexuell freizügig werden.

Im schlimmsten Fall kann es dazu führen, daß ein Kind von zu Hause wegläuft oder Selbstmord begeht.

Alle diese Verhaltensweisen sind Symptome für ein verschlossenes Herz. Wenn wir dies rechtzeitig erkennen und dem Kind helfen, sein Herz wieder zu öffnen, werden wir gleichzeitig auch die Symptome beseitigen.

In den vielen Jahren meiner seelsorgerlichen Erfahrung habe ich erkannt, daß dieses Prinzip der Schlüssel zu den meisten Beziehungen ist. Wenn ein Mann seinen Chef nicht ausstehen kann, liegt das meist daran, daß dieser in sein Herz „gestochen" hat oder auf seinen Gefühlen „herumgetreten" ist. Der Angestellte wird daher seinem Chef meist aus dem Weg gehen, im stillen gegen ihn sein und sich ihm widersetzen. Dieses Phänomen habe ich öfters bei Berufssportlern erlebt. Wenn sie sich vom Management oder von den Trainern angegriffen fühlen, erklären sie plötzlich, daß sie zu einem anderen Verein gehen wollen. Eine gewisse Zeit lang waren sie begeisterte Mitglieder dieses Teams, und jetzt ist es ihr einziger Wunsch, diesen Verein zu verlassen.

Solche Dinge geschehen auch, wenn junge Leute miteinander ausgehen. Wenn ein Mädchen einen Jungen zum ersten Mal trifft, hat sie ihm meist ihr Herz weit geöffnet. Sie mag ihn, sie möchte sich mit ihm unterhalten, sie unternimmt gerne etwas mit ihm gemeinsam. Wenn er sie berührt, reagiert sie positiv. Dann geschieht vielleicht etwas Negatives in ihrer Beziehung, und auf einmal ist sie nicht mehr offen. Sie verschweigt ihm ihre Gefühle und läßt ihrer Zuneigung für ihn nicht mehr freien Lauf. Irgendwie hat ihr Freund ihr Herz verschlossen, wahrscheinlich völlig unbewußt.

Dies kann ebenfalls in einer Ehe geschehen. Jahrelang tat ich vieles, was Normas Herz verschloß. Ich erzählte meinen Freunden oder meinen Zuhörern bei einem Referat gerne kleine Witze über sie. Ich lachte über die Witze, andere auch, aber Norma lachte nie. Wenn sie versuchte auszudrücken, daß mein Verhalten sie wirklich verletzte, antwortete ich nur: „Komm schon! Verstehst du denn keinen Spaß?"

Was ich nicht bemerkte, war die Tatsache, daß meine Witze, meine sarkastischen Bemerkungen und mein unsensibles Verhalten ihr Herz immer ein Stückchen mehr verschlossen. Nach einigen Ehejahren hatte Norma ihr Herz mir gegenüber fast völlig verschlossen. Aber ich wußte es nicht. Ich sah nur die äußeren Zeichen. So geschah es z.B., daß ich abends von der Arbeit nach Hause kam und sie mich nicht grüßte. Ich sagte dann: „Hallo, Schatz, ich bin wieder da", und es kam überhaupt keine Reaktion, woraufhin ich sie fragte: „Stimmt etwas nicht?" und sie antwortete: „Nein." Allmählich verstand ich, daß dieses „Nein" eigentlich „Ja" bedeuten sollte. Ich mußte herausfinden, wie ich ihr Herz verschlossen hatte, und die notwendigen Schritte unternehmen, um es wieder zu öffnen.

Um anschaulich zu verdeutlichen, wie empfindsam unser Herz ist, bat ich bei meinen Seminaren öfters einen Mann, nach vorn zu kommen, seine Augen zu schließen und seine Hand auszustrecken. Zuerst legte ich ihm einen großen Stein in die Hand und bat ihn, diesen Gegenstand zu identifizieren. Meistens erriet er, daß es sich um Gestein handelte. Dann ersetzte ich diesen Stein durch einen kleinen Kieselstein. Diesen konnte er nicht erkennen, ohne ihn längere Zeit in seiner Hand zu fühlen. Die meisten Männer denken, daß sie das Herz ihrer Frau nur mit einem kleinen Kieselstein belasten, wenn sie etwas Beleidigendes oder Verletzendes sagen. Aber sie empfindet es so, als ob ein schwerer Stein auf sie geworfen worden wäre.

Dasselbe kann in allen Beziehungen geschehen, insbesondere zwischen Eltern und Kindern. Dies ist bei kleinen Kindern gefährlich, die viel körperliche Zuneigung und Zärtlichkeit brauchen – sie müssen oft berührt und umarmt werden. Wenn ein Elternteil z.B. mit einer Tochter im Teenageralter sehr grob umgeht, so daß sie sehr verletzt ist, wird sie beginnen, ihr Herz zu verschließen. Sie braucht jedoch weiterhin die körperliche Nähe ihrer Eltern. Da sie, durch die Verletzungen bedingt, ihren Eltern nicht erlauben wird, sie zu berühren, wird sie sich woanders danach umsehen.

Junge Männer können leicht ihr Bedürfnis nach Liebe und Zärtlichkeit aufnehmen und sie ausnutzen. Sie wird sich anfänglich vielleicht noch wehren, weil sie ihre Wertmaßstäbe nicht durch Zugeständnisse gefährden möchte. Ihr Widerstand wird gebrochen werden, je mehr ihr Freund sie bedrängt. Weil sie gegenüber ihren Eltern schon verschlossen ist und keine weitere Zurückweisung ertragen kann, wird sie dazu neigen, dem

Drängen des Jungen nachzugeben. Wenn aber auf der anderen Seite ihre Beziehung zu ihren Eltern gefestigt, ihr Herz offen ist und es ein gesundes Maß an Liebe und Zärtlichkeit in dieser Beziehung gibt, wird sie viel eher die Kraft und den Wunsch haben, ihren eigenen moralischen Maßstäben treu zu bleiben.

Jungen haben ein ähnliches Bedürfnis nach Liebe und Zärtlichkeit. Manche Väter scheuen sich davor, ihre Söhne zu umarmen, weil sie das für unmännlich halten. Und einige von diesen Vätern haben auf diese Weise verursacht, daß ihre Söhne ihre Herzen verschlossen haben und jede Art von Zärtlichkeit ablehnen. Man hat herausgefunden, daß dieser Mangel an Zärtlichkeit dazu führen kann, daß Jungen auf andere Weise Liebe und Zärtlichkeit finden, nämlich sogar in homosexuellen Beziehungen. Dr. Ross Campbell, ein Psychiater, der sich auf die Arbeit mit Kindern spezialisiert hat, hat bei all seinen Studien und in seiner Praxis festgestellt, daß er noch nie einem sexuell desorientierten Menschen begegnet ist, der einen herzlichen, liebevollen und *zärtlichen* Vater hatte.

Wenn sich ein Elternteil kalt und beleidigend gegenüber dem Sohn verhält, wird dieser sein Herz verschließen und sehr oft ein widerspenstiges, asoziales Verhalten an den Tag legen.

Glücklicherweise läßt sich das Herz eines Kindes in den ersten Jahren leicht beeinflussen. Wenn Kinder verletzt werden, sind sie willens und bereit, mit den Eltern wieder Frieden zu schließen. Nehmen wir als Eltern jedoch nicht wahr, wenn ein Kind langsam sein Herz zu verschließen beginnt, kann es katastrophale Folgen haben.

Ein verschlossenes Herz gibt es manchmal auch in der Beziehung zwischen Kindern. Einmal ist Michael, unser Jüngster, so vor Zorn gegen Greg explodiert, daß er seinen Bruder heftig verprügeln wollte. Als ich dazwischentrat, erfuhr ich, daß Greg ihn vorher geärgert hatte. Aber Michael reagierte viel heftiger als normal. Deshalb wurde mir bewußt, daß noch etwas anderes nicht in Ordnung sein konnte.

Als ich mit Michael allein war, stellte ich ihm wie im Spiel einige Fragen, um die Ursache seiner Verschlossenheit herauszufinden. Ich fragte ihn: „Hat deine Schwester dich verletzt?" „War ich es oder Mutti?"

Als ich ihn schließlich fragte, ob irgend etwas in der Schule vorgefallen sei, senkte er den Kopf und weinte erneut. Bis zu diesem Zeitpunkt wollte Michael mir nichts sagen. Sehr oft sagen Kinder, daß sie nicht reden wollen, obwohl es in Wirklichkeit ihr Wunsch ist. Oft öffnen sie sich, wenn wir sie *sanft* aushorchen, um ihr eigentliches Problem zu entdecken.

Michael erzählte mir, daß sein bester Schulfreund jetzt einen neuen Freund hätte und daß sich die beiden gegen ihn gewandt hätten. Ich konnte mit ihm fühlen, als er weinte. Ich hätte ihn auch gerne in die Arme genommen, aber er war noch nicht bereit dazu. Das zeigte mir, daß es noch ein tieferes Problem gab. Dann eröffnete mir Michael, daß Greg und sein Freund aus der Nachbarschaft nicht mehr mit ihm spielen wollten. Der Nachbar nahm ihm seinen Bruder weg. Es verhielt sich hier genauso wie mit dem Ereignis, das in der Schule passiert war.

Ich sagte ihm, daß ich mit ihm fühlte, und fragte ihn, ob ich ihn in die Arme nehmen dürfte. Blitzschnell kam er auf mich zu und hielt mich fest. Er weinte lange und spürte so den ganzen Schmerz der Ablehnung. Später gingen wir zu Greg, und Michael erklärte ihm, wie er diese Sache mit dem Nachbarsjungen empfunden hatte. Zusammen waren wir drei in der Lage, das Problem zu lösen, indem wir die notwendigen Schritte unternahmen, um Michaels Herz wieder zu öffnen.

Wenn ich nicht erfahren hätte, daß Michael gegenüber Greg und seinem Schulfreund sein Herz langsam verschloß, hätte ich vielleicht versucht, den Streit mit einem Kompromiß zu schlichten. Ich hätte sagen können: „Michael, reiß dich zusammen. Du bist jetzt schon ein großer Junge. Es reicht mir jetzt, wie du dich immer mit Greg streitest." Dadurch wäre Michael noch verschlossener geworden, insbesondere mir gegenüber. Wenn man in einer solchen Situation mit jemandem grob umgeht und viel von ihm fordert, ist das wie ein großer Stock, den man in das Herz dieses Menschen „stößt", durch den sich das Herz immer mehr verschließt.

In einer durchschnittlichen Familie ist es unmöglich, daß man einander nicht häufig verletzt. Jeden Tag scheint etwas zu geschehen, das einen anderen verletzt oder wodurch er sich beleidigt fühlt. *Und doch ist es möglich, immer wieder Frieden und Harmonie herzustellen, wenn wir jeden Konflikt sofort lösen*. Wenn sich jedoch eine Verletzung und Beleidigung über die andere häuft, kann es sein, daß wir eine Mauer um unser Herz errichten. Es ist viel leichter, wieder Zugang zum Herzen eines Kindes zu erhalten, wenn es sich nur aufgrund kleinerer Verletzungen einem entzogen hat. Aber es ist auch in den schlimmsten Situationen immer noch möglich, das Herz eines Kindes wieder aufzuschließen.

Wie man das Herz eines Kindes wieder öffnen kann

Es gibt natürlich viele Möglichkeiten, einem Menschen, der uns gegenüber sein Herz verschlossen hat, zu helfen, sich wieder zu öffnen. Ich werde fünf Wege nennen, die in unserer Familie und in meiner Seelsorge Erfolg hatten. Ich werde sie in einer bestimmten Reihenfolge vorstellen, weil ich aus Erfahrung beobachtet habe, daß die Schritte in dieser Reihenfolge am hilfreichsten sind. Es kann jedoch sein, daß Sie die Schritte in einer anderen Reihenfolge anwenden oder andere zusätzliche Schritte machen wollen.

Ich benutzte jeden dieser Schritte, nachdem ich Greg Schläge erteilt hatte, weil er schrie, während ich telefonierte. Daraufhin erlebte ich, wie sich sein Herz mir gegenüber innerhalb weniger Minuten wieder öffnete. Unsere Versöhnung lief wie folgt ab: Als ich endlich gemerkt hatte, daß sich Greg mir gegenüber verschloß, kniete ich mich vor ihm hin und wurde ganz *sanft* und *zärtlich*. Liebevoll fragte ich ihn: „Greg, *warum* hast du im Badezimmer geschrien?" Seine Stimme zitterte, als er seine Tränen bekämpfte. Er konnte gerade noch sagen: „Ich bin hingefallen und habe mein Ohr an der Badewanne gestoßen." Er zeigte mir sein Ohr, das blutete und ganz geschwollen war. Als ich sah, was geschehen war, fühlte ich mich sehr unwohl. Ich sagte ganz sanft zu ihm: „Greg, ich habe dich so falsch behandelt. Vati hat eigentlich die Schläge verdient." Greg wischte seine Tränen weg und fügte hinzu: „Und als du mich im Flur vor dir hergeschoben hast, habe ich das Ohr nochmals an der Spielzeugkiste gestoßen."

Zu diesem Zeitpunkt fühlte ich mich wie ein verantwortungsloser Vater, der sein Kind schrecklich mißhandelt hat. Es war der Augenblick der Selbsterkenntnis. „Greg, Vati hatte so unrecht." Ich gab ihm den Stock, mit dem wir unseren Kindern Schläge geben. „Ich habe es verdient, geschlagen zu werden. Ich bin derjenige, der das jetzt braucht." Er nahm den Stock und ließ ihn fallen. Er machte wieder einen Rückzieher und wollte nach wie vor nichts mit mir zu tun haben. Ich wollte ihn berühren, aber er war für mich immer noch nicht zugänglich.

Schließlich sagte ich, wieder ganz sanft: „Greg, ich habe mich falsch verhalten. Ich weiß, daß ich es nicht verdient habe, aber ich frage mich, ob du nicht irgendeine Möglichkeit siehst, *mir zu vergeben.*" Sofort warf er seine Arme um mich. Wir ließen uns auf das Bett fallen, und er lag ungefähr eine halbe Stunde an meiner Brust. Nach einiger Zeit schaute ich mir sein Ohr an und fragte: „Bist du sicher, daß wir beide wieder im reinen miteinander sind?" „Ja, Vati, ich vergebe dir ", sagte er und klopfte mir auf den Rücken. „Wir machen alle einmal Fehler." An dem Tonfall seiner Stimme und der Art, wie er mich anfaßte, wußte ich, daß sein Herz sich wieder öffnete.

Bei einigen Kindern dauert es vielleicht länger, bis sie ihr Herz wieder öffnen. Das hängt von den jeweiligen Umständen ab. Aber ein Kind ist es sicher wert, daß wir ihm unsere Zeit schenken.

Wir wollen jetzt noch einmal rekapitulieren und sorgfältig jeden einzelnen dieser Schritte untersuchen.

Fünf Schritte, um das Herz eines Kindes wieder zu öffnen

1. Sanft und zärtlich sein

Den ersten Schritt, den ich machen mußte, um Gregs Herz wieder zu öffnen, war, ihm Sanftheit und Zärtlichkeit zu zeigen. Freundlichkeit bringt auch die schlimmste Wut zum Schmelzen. Wenn wir versuchen, einen Menschen „wieder zu öffnen", der uns gegenüber ganz verschlossen war, müssen unsere Körpersprache, unsere Muskeln, unser Gesichtsausdruck und unser Tonfall ganz weich, liebevoll, zärtlich und besorgt sein. Dadurch vermitteln wir dem Menschen, den wir verletzt haben, mehrere Dinge.

Wir sagen ihm:

a) Er ist uns wertvoll und wichtig. Wir drücken es ohne Worte aus. Wir nähern uns ihm nicht zu schnell. Unser Kopf ist gebeugt, und wir sind ganz offensichtlich traurig darüber, daß wir ihn verletzt haben.

b) Wir wollen nicht, daß sein Herz verschlossen bleibt. Es liegt uns viel an seiner Person.

c) Wir wissen, daß irgend etwas falsch gelaufen ist. Durch unsere Sanftheit erkennen wir an, daß hier jemand verletzt wurde. Und wir gehen jetzt ganz langsam vor, um alles richtigzustellen, was auch immer geschehen sein mag.

d) Wir sind offen, um zuzuhören. Es ist völlig ungefährlich für ihn, wenn er jetzt alles erzählt, was geschehen ist. Wir werden nicht wieder böse oder ihn erneut verletzen.

Mich suchten einmal ein Berufsfußballspieler und seine Frau auf. Sie erzählte mir, wie tief sie durch einiges verletzt wurde, was ihr Mann gesagt und getan hatte. Er sagte, er könne nicht verstehen, warum sie sich über das, was er tue, so aufregen würde, und warum sie darüber so böse sei. Ich konnte erkennen, daß sie tief verletzt war und daß sich ihr Herz ihm gegenüber immer mehr verschloß. Deshalb fragte ich ihn, ob er daran arbeiten wolle, ihr Herz wieder aufzuschließen. Er sagte, er wolle es versuchen.

Ich gab ihm folgende Aufgabe: „Ich möchte, daß Sie jetzt ganz zärtlich werden und Ihre Frau umarmen. Stellen Sie sich vor, daß Ihr ganzer Körper wie schmelzendes Eis ist. Sagen Sie ihr liebevoll, daß Sie wissen, daß Sie sie verletzt haben und daß Sie dies jetzt bereinigen wollen."

Er tat das, worum ich ihn bat, und legte seinen Arm um seine Frau. Doch sie sagte: „Das meinst du ja doch nicht ernst!" Anstatt zu verstehen, wie verletzt sie war, reagierte er folgendermaßen: „Sicher meine ich es ernst. Sag' du mir nicht, daß ich es nicht ernst meine." Der Sportler hatte zwar auf die Worte seiner Frau gehört, jedoch nicht auf den Tonfall, wie diese Worte ausgesprochen wurden. Dieser Tonfall sollte ihm deutlich machen, wie verschlossen sie war. Sein Ärger und seine Grobheit trugen nunmehr dazu bei, daß sie sich immer mehr von ihm zurückzog.

Ich schlug vor, ihm zu zeigen, was ich meinte. Sofort wurde meine Stimme weicher, und ich wurde sehr zart und mitfühlend. Ich griff über den Tisch nach ihrer Hand und sagte: „Du bist wirklich sehr verletzt, nicht wahr? Und ich weiß, daß du durch mein Verhalten sehr verletzt worden bist." Durch meine sanfte Stimme entspannten sich ihre Gesichtsmuskeln langsam. Sie beugte leicht den Kopf, ihre Augen füllten sich mit Tränen. Wir waren beide sehr verwundert, wie schnell sie bereit war, ihr Herz zu öffnen.

Ich glaube, daß Ähnliches bei unseren Kindern geschieht. Zärtlichkeit läßt die Wut schmelzen, und dadurch beginnen Menschen, sich einem anderen gegenüber wieder zu öffnen.

2. Dem anderen ein größeres Verständnis entgegenbringen

Als zweites müssen wir mehr Verständnis für den Schmerz und die Gefühle des verletzten Menschen aufbringen. Als ich Greg fragte, warum er weinte, und er mir antwortete, daß er gegen die Badewanne gefallen sei, konnte ich plötzlich seinen Schmerz viel besser verstehen. Ich wurde noch sanfter als vorher, weil ich jetzt ein tieferes Verständnis für ihn hatte und seine verletzten Gefühle nachempfinden konnte. Wenn ich gegen eine Badewanne gefallen wäre, hätte ich wahrscheinlich auch geschrien, ungeachtet dessen, wie die Regeln in dieser Familie lauteten. Oft werden diese beiden Verhaltensweisen – *sanft* sein und den Schmerz des anderen zu *verstehen* versuchen – das Herz eines anderen wieder öffnen.

Kinder in unterschiedlichen Familienverhältnissen träumen oft davon, daß eines Tages jemand verstehen möge, was sie fühlen und wie verletzt sie sind. In einer Situation, wo es alleinerziehende Eltern oder zusammengewürfelte Familien durch eine zweite Ehe gibt, kann sich ein Kind durch den Partner, der die Familie verläßt oder durch neue Mitglieder einer Familie, in die es einfach hineingeworfen wird, tief verletzt fühlen. Meist wird sich das Kind selbst für die Scheidung die Schuld geben. Es wird wahrscheinlich zu keinem der beiden Elternteile etwas sagen, aber allmählich zeigen sich bei ihm die Symptome eines verschlossenen Herzens. Das Kind beginnt oft einen Streit und meidet seine Eltern, sogar bis zu dem Ausmaß, daß es ihnen nicht gestattet, es zu berühren. Jeder Elternteil kann damit beginnen, dieses Problem zu lösen, indem er sein Herz diesem Kind gegenüber öffnet und für dessen Problem mehr Verständnis gewinnt.

Eine der besten Möglichkeiten, die Verletzung eines Kindes besser zu verstehen, sind Beispiele. Sie helfen uns dabei, den Schmerz des Kindes so lebendig nachzuempfinden, daß manche Konflikte in kürzester Zeit gelöst sind.

Ein Junge, der von seinem Vater ständig kritisiert wurde, sagte zu ihm: „Ich fühle mich manchmal wie ein Vogel in einem Nest. Du fliegst zu dem Nest, und ich freue mich sehr, dich zu sehen, weil du mir sicher Nahrung oder sonst etwas Ermutigendes mitbringst. Aber du brichst etwas von den Ästen oder kleinen Wurzeln ab, die das Nest zusammenhalten, und fliegst wieder weg. Ich denke dann: ‚Halt mal. Er nimmt mein Nest auseinander, und ich kann noch nicht einmal fliegen.' Ich fühle mich so unsicher, wenn ich dich ankommen sehe, weil du immer etwas an mir auszusetzen hast, mich herabsetzt, und das ist genauso, als ob du die kleinen Äste aus diesem Nest reißen würdest." Als der Vater des Jungen dieses Beispiel hörte, konnte er die Verletzung und die Unsicherheit seines Jungen nachempfinden. Dies half ihm, seinen Sohn wesentlich weniger zu kritisieren.

Wir Eltern können unsere Kinder bitten, uns zu helfen, ihre Gefühle zu verstehen, indem wir ihnen Fragen stellen wie: „Was würde jetzt in diesem Augenblick, wo ich das getan habe, mit dir geschehen, wenn du ein Kaninchen wärst?" oder „Wie würdest du aussehen, wenn du ein Stück Stoff wärst?" oder „Nenn mir eine Farbe, die beschreibt, wie du dich gerade fühlst." Wenn wir ihnen Zeit geben und sie ermutigen, können uns die Kinder meist genau beschreiben, wie sie sich fühlen. Ein Junge, dessen Vater sehr viel beruflich unterwegs ist, sagte: „Vati, du bist mir in der letzten Zeit ziemlich aus dem Wege gegangen. Jetzt fühle ich mich wie ein Abwaschtuch unter dem Waschbecken, auf das es in den letzten beiden Monaten ständig getropft hat. Keiner hat es bemerkt, so daß es jetzt schimmelig ist." Die meisten Eltern können diesen Schmerz, der mit Schimmel umschrieben wird, nachempfinden.

Wir können unseren Kindern auch helfen, ihre Gefühle auszudrücken, indem sie die Gefühle zu früheren Erfahrungen in

Beziehung stellen. Wir können z.B. sagen: „Erinnere dich an die Zeit, als dein Freund aus der Nachbarschaft dich ablehnte und nicht mehr mit dir spielen wollte. Fühlst du dich von mir ähnlich behandelt?" oder „Erinnere dich daran, wie du dich in der Schule gefühlt hast, als du eine 4 bekamst, obwohl du doch so eifrig gelernt hattest! Dann machten sich deine Klassenkameraden über dich lustig, und du hast dich geschämt. Hast du dich heute ähnlich gefühlt, als ich dich vor deinen Freunden bestrafte?"

Beispiele sind ein solch wichtiges Werkzeug in der gegenseitigen Verständigung, daß wir in einem anderen Kapitel mehr darüber sprechen werden, wie man sie sinnvoll einsetzt. Es ist sehr wichtig, daß Kinder sich von den Eltern darin verstanden wissen, wie sie sich fühlen, wenn sie verletzt wurden. Wenn sich ein Kind weigert, mit uns zu reden, bedarf es vielleicht einer „Abkühlungszeit" sowohl für das Kind als auch für die Eltern. Nach ein paar Minuten kann ein Elternteil wieder sanft versuchen, den Grad der Verletztheit des Kindes herauszufinden. Geben Sie einem Kind Zeit, seinen eigenen gefühlsmäßigen Schmerz zu verstehen.

3. Einsehen und zugeben, daß wir jemanden verletzt haben

Der dritte Schritt, um das Herz eines Menschen zu öffnen, ist einzusehen, daß *wir falsch gehandelt haben,* denn unser Verhalten hat den anderen verletzt. Es könnte sogar sein, daß unser Verhalten gar nicht falsch war, aber unsere Einstellung war falsch. Ich kann beispielsweise mein Kind aus einem berechtigten Grund bestrafen, bin ich aber grob und wütend, muß ich meine falsche Einstellung zugeben.

Sogar die Welt erkennt an, daß man seine Schuld bekennen und zugeben muß. Als sowjetische Kampfflugzeuge vor einigen Jahren eine koreanische Boeing 747 abschossen, wobei mehr als 250 Passagiere getötet wurden, war die Welt schockiert. Sofort forderte eine Reihe der westlichen Staaten die Sowjetunion auf, ihre Schuld zuzugeben und sich zu entschuldigen. Nachrichtensprecher erinnerten an ein früheres Beispiel, als Israel ein lybisches Verkehrsflugzeug abgeschossen hatte, und daran, wie sich Israel vor der ganzen Welt entschuldigt und an alle Familien der Passagiere Schadenersatz gezahlt hatte. Aber als die Sowjets nicht zugeben wollten, daß sie im Unrecht waren und nicht für Wiedergutmachung sorgten, wurde die westliche Welt nur noch wütender und verhärteter in der Beziehung zu den Sowjets.

Kinder neigen dazu, sich ihrer eigenen Bedürfnisse und Wünsche sehr bewußt zu sein. Sie sorgen sich weniger um das Wohlergehen der anderen Menschen. Dieses Selbstbewußtsein oder diese Ichbezogenheit erhöht die Wahrscheinlichkeit, daß sich Kinder öfters verletzt fühlen. Wenn sie größer und reifer werden, bemerken sie, daß sie nicht mehr so oft verletzt werden, weil sie mehr Verständnis für andere gewonnen haben.

Als Eltern müssen wir weise genug sein, um den Reifegrad unseres Kindes zu erkennen, damit wir sein Herz nicht unnötig verschließen. Wenn wir unser Kind verletzen, weil es noch unreif ist, könnten wir sagen: „Ich hatte unrecht, dich so zu behandeln." Wir fügen nicht hinzu: „Du fühlst dich nur verletzt, weil du noch so klein und unreif bist." Das würde unsere Kinder noch mehr beleidigen.

Was vielen Eltern – vor allem den Vätern – am schwersten fällt, ist zuzugeben, daß sie verkehrt gehandelt haben. Ich kann mich nicht gerade darüber freuen, wenn mir bewußt wird, daß ich unrecht habe. Es fällt mir dann auch nicht immer leicht, dies zuzugeben. Aber ich muß daran denken, daß eine verhärtete, rebellische Haltung für Kinder extrem schädlich ist.

Wenn Eltern ihrem Kind eingestehen, daß sie verletzend waren, und wenn das Kind sich von seinen Eltern in seinen Gefühlen verstanden weiß, fühlt es sich wichtig. Es erkennt, daß es ein wertvoller Mensch ist. Manchmal genügt dies schon, um das Herz eines Kindes wieder aufzutun. Wir sollten jedoch zunächst noch vorsichtig sein, um Gewißheit zu haben, daß sich das Herz wirklich geöffnet hat, weil es noch zwei weitere wichtige Schritte zur Versöhnung gibt.

4. Versuch einer körperlichen Annäherung

Der vierte Schritt ist der *Versuch, die verletzte Person* zu berühren. Es gibt verschiedene Gründe, warum wir ein Kind berühren wollen, wenn es verletzt wurde. Erstens ist das Kind in dieser Situation besonders darauf angewiesen, daß wir zärtlich zu ihm sind. Wenn es auf unsere Annäherung positiv reagiert, wissen wir, daß sein Herz sich zu öffnen beginnt oder uns wieder völlig zugewandt ist. Dieser Augenblick, in dem wir das Kind zärtlich in unsere Arme nehmen und es eine Weile festhalten, ist für das Kind äußerst wichtig. Die Umarmung zeigt dem Kind, daß wir es lieben, uns etwas an ihm liegt und daß es sehr wertvoll ist.

Zweitens können wir dadurch erkennen, ob unser Kind sein Herz noch nicht öffnen möchte. Vielleicht saß die Verletzung tiefer, als wir es erkennen konnten, oder es wurde von jemandem außerhalb der Familie verletzt. So erging es Michael mit seinem Schulfreund, und er ist jetzt auf jeden in seiner unmittelbaren Umgebung böse. Wenn ich mein falsches Verhalten zugegeben habe, liebe- und verständnisvoll bin und versuche, mein Kind zärtlich zu berühren, es mich aber meidet, ist dies ein sicheres Zeichen dafür, daß es noch nicht bereit ist, sich mir wieder zu öffnen. Es braucht vielleicht mehr Zeit oder ein größeres Verständnis von dem Menschen, der es verletzt hat.

Wenn Eltern es nicht gewöhnt sind, zu ihren Kindern zärtlich zu sein – wie meine Eltern, denen es widerstrebte, sowohl zueinander als auch zu ihren sechs Kindern zärtlich zu sein –, sollten sie ihre Kinder vielleicht „warnen" oder ihnen erklären, warum sie sie jetzt plötzlich berühren möchten. Ein Kind, das lange Zeit nicht angefaßt wurde, wird damit zögern, den Eltern diese Zärtlichkeit zu erlauben, selbst wenn sein Herz ganz weit offen ist. Eine behutsame Annäherung ist vonnöten.

Natürlich bedeutet das Fehlen von Zärtlichkeit nicht immer, daß das Herz unseres Kindes durch eine Verletzung verschlossen wurde. Kinder erleben Phasen, in denen sie nicht gerne zärtlich berührt werden, z.B. in der Pubertät. Leben die Eltern immer in einer harmonischen Beziehung mit ihren Kindern, können sie meist erkennen, ob ein Kind gerade verletzt ist oder nur eine vorübergehende Entwicklungsstufe durchlebt.

Es gibt manchmal auch andere Gründe, warum unser Kind sich nicht berühren lassen will. Eines Sommers ging unsere Familie in den Bergen von Colorado fischen. Ich verletzte Kari dadurch, daß ich sehr grob zu ihr war. Sie hatte sich am Knie verletzt. Ich versuchte, mich schnell um sie zu kümmern, um dann wieder angeln gehen zu können. Auf einmal merkte ich, daß ich sie verletzt hatte. Mir wurde bewußt, daß sie viel wichtiger war als mein Hobby. Deshalb blieb ich stehen, nahm sie in meine Arme und bekannte mich vor ihr dazu, daß ich sie verletzt und falsch behandelt hatte.

5. Um Vergebung bitten

Der letzte Schritt, um das Herz eines Menschen wieder zu öffnen, besteht darin, *den Menschen, den wir verletzt haben, um Vergebung zu bitten*. Wenn wir jemanden verletzt haben, müssen wir ihm die Gelegenheit geben, darauf zu reagieren. Für mich ist es die beste Möglichkeit, dazu etwa folgendes zu sagen: „Kannst du mir vergeben?" Zu diesem Zeitpunkt wußte ich aber schon, daß Greg für mich wieder zugänglich war, denn als ich ihn um Vergebung bat, stürzte er sich in meine Arme. Wir können es so formulieren: *Echte Versöhnung setzt das Bekenntnis zum begangenen Unrecht sowie die Vergebung voraus, die mir der Verletzte gewährt.*

Gründe, warum sich jemand weigern könnte zu vergeben

Wenn wir diese Schritte in der genannten Reihenfolge angewendet haben und sich das verletzte Kind immer noch weigert, uns zu vergeben, so kann es dafür verschiedene Gründe geben.
Vielleicht lag die Verletzung tiefer, als wir es zuerst zu erkennen vermochten, oder das Kind wurde von jemandem außerhalb der Familie verletzt und ist deshalb jetzt auf jede Person in seiner unmittelbaren Umgebung böse.
Vielleicht haben wir das Kind zu sehr gedrängt, so daß es keine Zeit hatte, noch einmal über das Geschehene nachzudenken.
Vielleicht denkt das Kind, daß seine Eltern unmöglich das Ausmaß seiner Verletzung verstehen können und daß das Bitten um Vergebung auch nicht alles ungeschehen machen kann. Vielleicht möchte es zuerst eine wirkliche Veränderung in dem Verhalten der Eltern erleben.
Wo auch immer die Ursache für fehlende Vergebungsbereitschaft zu suchen ist, ich habe herausgefunden, daß es das beste

ist, diese fünf Schritte noch einmal zu wiederholen. Ich empfehle Ihnen, geduldig zu sein und Ihr Kind nicht zu drängen. Beginnen Sie beim ersten Schritt und gehen Sie weiterhin liebevoll und zärtlich vor. Zeigen Sie Ihrem Kind beim zweiten Schritt, daß Sie es verstehen. Wir könnten zum Beispiel sagen: „Mir ist wahrscheinlich gar nicht bewußt, wie sehr du unter dieser Sache leidest." Bekennen Sie sich erneut dazu, daß Sie sich falsch verhalten haben: „Ich verdiene es nicht, daß du mir vergibst, weil ich dich in der letzten Zeit so schlecht behandelt habe, aber ich wünschte mir so sehr, du könntest mir vergeben. Ich möchte, daß du weißt, daß ich dich sehr liebhabe und daß ich im Unrecht war. Das meine ich wirklich ernst." Danach könnten Sie Ihr Kind noch einmal am Arm berühren, um zu erspüren, ob es zugänglicher geworden ist. Ist das nicht der Fall, so sollten Sie ihm noch mehr Zeit geben und Ihre Bemühungen um die Versöhnung weiterhin mit Ausdauer fortsetzen. Und schließlich, bitten Sie Ihr Kind noch einmal um Vergebung.

Viele Eltern machen den Fehler, daß sie dieses Problem beiseite schieben. Sie sagen sich: „Nun ja, wenn mir mein Kind nicht vergeben will, ist das sein Problem. Ich habe das meine getan." Mit einer solchen Einstellung wird das Problem nie gelöst. Es ist besser, sich zunächst in einer angespannten Situation ein paar Minuten oder auch einige Stunden zurückzuziehen, um ein wenig zur Ruhe zu kommen, um dann später wiederzukommen und die fünf Schritte zu wiederholen.

Es gibt noch eine weitere sehr effektive Möglichkeit, wie wir als Eltern entdecken können, ob unser Kind sein Herz verschlossen hat. Ich habe die Erfahrung gemacht, daß wir besser verstehen können, was in einem Kind vor sich geht, wenn wir genau auf seine Körpersprache achten.

Wie man am Tonfall und Gesichtsausdruck erkennen kann, ob ein Herz verschlossen ist

Nach einem Seminar sagte einmal eine Frau zu mir: „Ich hasse meinen Mann. Ich hasse ihn so sehr, daß ich nicht einmal in der Lage bin, über ihn zu reden. Ich werde niemals zu ihm zurückkehren." Trotz dieser Aussagen war diese Frau vier Monate später wieder bei ihrem Mann, und sie leben jetzt in Frieden und Harmonie miteinander. Ich hörte, wie ein Mann über seine Frau sagte: „Ich hasse diese Frau so sehr, daß ich es nicht ertragen kann, sie auch nur anzusehen." Wenige Stunden später konnte derselbe Mann seine Frau wieder lieben; er gewann seine Gefühle und Sehnsüchte für sie zurück.

Manchmal vergehen mehrere Monate, aber ich habe erlebt, daß es möglich *ist*, Frieden und Harmonie in zerbrochenen Beziehungen wiederherzustellen. Meine Hoffnung für Familien und Ehepaare wird täglich größer, weil mir jetzt bewußt ist, daß oberflächliche Worte wie: „Ich hasse dich, ich werde nie wieder mit dir zusammenleben, ich werde dich mein Leben lang hassen" nur ein verschlossenes Herz widerspiegeln.

Ein Kind sagt vielleicht zu seinen Eltern: „Ich hasse euch. Ich kann euch nicht mehr ertragen. Ich habe wirklich genug von dieser Familie. Ich bin es leid, und ich möchte auch nicht mehr darüber reden. Ich möchte noch nicht einmal mehr mit euch zusammenleben." Mir ist klar geworden, daß Menschen, die solche Äußerungen machen, in Wahrheit sagen wollen, daß sie doch gerne darüber reden würden. Sie möchten dieses Problem lösen, aber nur auf eine bestimmte Art und Weise. Wir müssen aufmerksam zuhören, wie und mit welcher Intensität sie etwas sagen. Wir müssen lernen, ihren Gesichtsausdruck zu beobachten und auf ihren Tonfall zu hören, anstatt nur die Worte zu verstehen, die sie gebrauchen.

Stellen Sie sich einen Augenblick lang eine Werteskala von 0 bis 10 vor. 0 bedeutet, daß das Herz ganz offen ist, und zehn, daß es völlig verschlossen ist. Wenn ich die Hand meiner Tochter fassen möchte, nachdem ich sie verletzt habe, und sie wendet mir ihren Rücken zu und sagt: „Vati, du verhältst dich immer so zu mir, und ich kann das nicht mehr ertragen", habe ich sie wahrscheinlich nur bis zu einer 3 auf der Werteskala verletzt. Es liegt folglich noch keine schwerwiegende Sache vor, trotzdem sollte hier schon eingeschritten werden, um das Herz wieder zu öffnen. Wenn ich zu ihr gehe, um sie zu berühren, und sie sich von mir abwendet und sagt: „Vati, laß mich in Ruhe. Du tust mir das immer wieder an, und ich fühle mich so schlecht, daß ich weglaufen möchte", dann ist ihr Herz wahrscheinlich mehr verschlossen (Punkt 5 auf der Werteskala). Aber nehmen wir einmal an, daß ich an ihre Schlafzimmertür klopfe und sie in einer sehr feindseligen Stimme fragt: „Wer ist da?" Ich öffne die Tür, und sie sagt: „Ich will dich nicht sehen" und wirft eine Vase nach mir. Ich bücke mich gerade noch rechtzeitig und sage: „Hey, ich weiß, daß ich mich falsch verhalten habe ...", aber sie schreit nur: „Ich werde von zu Hause weglaufen. Ich hasse es, hier zu leben." Diese Worte und dieses Verhalten sagen mir, daß sich ihr Herz bis etwa zur 8 oder 9 verschlossen hat. Es ist meist so: je feindseliger und gewalttätiger der Widerstand ist, desto mehr ist das Herz verschlossen. Feindseligkeit verwandelt sich in Gleichgültigkeit oder Teilnahmslosigkeit, was uns deutlich machen soll: „Mein Herz ist zu, versuche ja nicht, es wieder öffnen zu wollen." Wenn wir jedoch wissen, daß die Worte eines Menschen nicht unbedingt seine Gefühle widerspiegeln, können wir weiterhin sanft versuchen, das Herz eines Menschen zu öffnen.

Die beste mir bekannte Art, wie man mit solchen oberflächlichen Worten umgehen sollte, ist, sanft, liebevoll und verständnisvoll zu werden und das eigene falsche Verhalten einzugestehen. Wir sollten beharrlich vorgehen, bis wir diesen Menschen berühren und ihn um Vergebung bitten können. Das ist es, was das verletzte Kind letztlich wirklich will. Aber es kann einige Zeit erfordern.

Mir ist bewußt geworden, daß sogar Verletzungen, die einem Menschen vor Jahren zugefügt wurden, in ähnlicher Weise immer noch verarbeitet werden können. Ein Kind erinnert sich vielleicht an ein Ereignis, wo es vor vielen Jahren von einem Elternteil verletzt wurde. Wenn dieser Elternteil wirklich sichergehen will, daß das Herz seines Kindes ihm gegenüber weit geöffnet ist, täte er gut daran, sich an dieses Erlebnis aus der Vergangenheit zu erinnern und wieder über diese alten Verletzungen zu sprechen. Dies wäre aber nur angebracht, wenn diese Probleme auch wirklich verarbeitet und gelöst würden.

Wie Kinder oder Erwachsene ihr eigenes Herz wieder öffnen können

Es klingt jetzt so, als ob ein Kind, dessen Eltern nicht bereit sind, das verschlossene Herz ihres Kindes zu öffnen, dazu verurteilt ist, sein Leben lang ein aufsässiger Mensch zu sein. Tatsächlich haben sowohl Kinder als auch Erwachsene verschiedene Möglichkeiten, das eigene Herz wieder zugänglich zu machen.

Diese einfache, tiefe Wahrheit finden wir in einem Gebet, das jedes Jahr millionenfach gebetet wird – das Vaterunser. Jahrelang las ich dieses Gebet, ohne seine wahre Bedeutung zu erfassen. Das Gebet lädt uns ein, denen zu vergeben, die uns unrecht getan haben – die uns verletzt haben –, dann wird uns Gott auch unsere Schuld vergeben. Wenn wir uns jedoch weigern, unseren Schuldigern zu vergeben, wird uns Gott auch nicht vergeben.

Das Wort „vergeben" hat seinen Ursprung in einem griechischen Wort, das „befreien" oder „loslassen" bedeutet. Gemeint ist, daß man die Fesseln losmacht, die Menschen binden. Wenn wir also diejenigen befreien, die uns verletzt oder unrecht getan haben, wird Gott auch uns befreien und unser Herz wieder öffnen. Er kann dies jedoch nicht tun, wenn wir uns weigern, denen zu helfen, die uns verletzt haben.

Corrie ten Boom, die vielen Juden half, den deutschen Konzentrationslagern im 2. Weltkrieg zu entkommen, erzählte mir eine Geschichte, die sehr gut verdeutlicht, was Jesus mit dem Vaterunser aussagen wollte. Einige Jahre, nachdem sie aus dem Konzentrationslager entlassen worden war, hielt sie in einer Kirche in Deutschland einen Vortrag. Als die Menge der Zuhörer nach dem Gottesdienst aus der Kirche hinausströmte, beobachtete sie einen Mann, der sich langsam zu ihr nach vorn arbeitete, und sie erkannte ihn voller Entsetzen. Er war einer der grausamsten Aufseher in dem Lager gewesen, wo sie und ihre Schwester gefangengehalten worden waren. Er hatte sogar dazu beigetragen, daß ihre Schwester Betsie den Tod fand. Der Anblick dieses Mannes erregte bei ihr Übelkeit. Viele Jahre zuvor hatte sie ihr Herz diesem Mann gegenüber völlig verschlossen. Nun streckte er seine Hand aus und sagte: „Corrie ten Boom, ich bin Christ geworden, und ich weiß, daß Gott mir die grausamen Dinge vergeben hat, die ich getan habe. Aber ich bin gekommen, um Sie um Vergebung zu bitten." Corrie erzählte, ihre Arme seien an ihrem Körper angefroren gewesen und sie hätte sich nicht mehr bewegen können.

Sie sagte mir, daß dies das Schwierigste war, was sie je getan hatte, aber sie streckte ihre Hand aus, nahm seine Hand in die ihre und sagte ihm, daß sie ihm vergeben habe. In diesem Augenblick hatte sie ein Gefühl, als ob all der Haß und das Gift aus ihr hinausfließen würden. „Es war Gottes Liebe, die durch mich hindurchfloß", erzählte sie mir. „Ich befreite den Mann von dem, was er mir angetan hatte, und als ich das tat, wurde ich auch befreit!"

Als Eltern können wir unsere Kinder dieses Prinzip lehren. Erstens: Ein Kind kann allmählich verstehen lernen, daß *der Mensch, der es verletzt hat, selber Probleme hat.* Jeder, der uns unrecht tut oder uns verletzt, hat eigene Schwierigkeiten oder ungestillte Bedürfnisse. Er hat möglicherweise ein niedriges Selbstwertgefühl. Er fühlt sich vielleicht abgelehnt, schuldig oder ist böse auf jemanden. Sobald wir das erkennen, werden wir frei, und wir können beginnen, unser Herz gegenüber diesem Menschen zu öffnen.

Zweitens: *Wir können uns verpflichten, für den Menschen, der uns verletzt hat, zu beten.* Als unsere Kinder noch klein waren, lebten wir in der Gegend von Chicago. Wenn wir auf der Autobahn an den kleinen Häuschen unsere Autobahngebühren entrichten mußten, wollten die Kinder manchmal den Autobahnbediensteten selbst das Geld aushändigen. Sie streckten ihren Arm über meine Schulter, um das Geld zu geben. Aber manchmal fielen einige Münzen hinunter, und ich mußte die Tür öffnen, um sie wieder einzusammeln. Manche der Bediensteten waren sehr verärgert. Auf der Weiterfahrt unterhielten sich unsere Kinder oft über die Wut dieser Beamten. „Wißt ihr, warum dieser Mensch so böse auf uns war?" fragte ich sie. „Das ist darauf zurückzuführen, daß ihm selbst etwas sehr weh tut. Das ist seine Art zu sagen: ‚Könnte mich wenigstens ein Mensch verstehen?' " Manchmal beteten wir für einen dieser Autobahnbediensteten. Das half den Kindern zu verstehen, daß sie die Wut eines anderen nicht persönlich nehmen sollten.

Das größte Problem besteht darin, daß man Beleidigungen immer viel zu persönlich nimmt. Meistens sind Menschen nur so beleidigend in ihrem Verhalten, weil sie eigene Probleme haben. Vielleicht haben sie nicht genug geschlafen, hatten einen schlechten Tag, oder es hat sie jemand zu Hause oder bei der Arbeit schlecht behandelt. Man könnte eine Reihe von Gründen aufzählen, warum Menschen aggressiv reagieren können. Je eher wir das erkennen, desto weniger fühlen wir uns von ihnen verletzt oder wird unser Herz ihnen gegenüber verschlossen. Aber selbst, wenn das geschieht, können wir durch die Erkenntnis, daß der Verletzende selbst Probleme hat, unser Herz ein Stück weit wieder öffnen. Wenn wir auch nie die Gelegenheit bekommen, demjenigen mit seinen Problemen zu helfen, der uns verletzt hat, ist es schon genug, wenn wir ihm nur helfen wollen, damit Gott unser Herz wieder öffnet und es von Bitterkeit und Ärger frei macht.

Wie offen ist das Herz Ihres Kindes?

Sie können selbst mit jedem Ihrer Kinder diesen Test machen, um zu sehen, wie offen ihre Herzen sind. Dies ist eine einfache, allgemein gehaltene Auswertung, die den Eltern helfen kann zu erkennen, ob sich das Herz ihres Kindes ihnen gegenüber verschließt oder nicht. Bewerten Sie jede Frage mit einer Zahl von 1 bis 5: 1 = nie; 2 = selten; 3 = manchmal; 4 = meistens; 5 = immer.

1. Liebt mein Kind (zwei Jahre und darüber) es, mich zu berühren? _____
2. Berührt mein Kind mich spontan, wenn ich es nach der Schule oder zu Hause sehe? _____
3. Achtet mein Kind die Dinge, die ich im Leben achte? _____
4. Schätzt mein Kind die Dinge, die mir für mein Leben bedeutsam sind, z.B. die Bibel, meinen Beruf etc.? _____
5. Würde ich die Freunde meines Kindes auch ausgewählt haben? _____
6. Trägt mein Kind den Haarstil und die Kleidung, die ich akzeptiere? _____
7. Sucht sich mein Kind die Freizeitaktivitäten aus, die ich auch für es ausgesucht hätte? _____
8. Mag mein Kind eine Musik, die ich auch akzeptieren kann? _____

9. Redet mein Kind gerne mit mir? _____
10. Stimmt mein Kind im allgemeinen mit meiner Meinung überein? _____
11. Fährt mein Kind gerne mit mir weg? _____
12. Gehorcht mein Kind mir im großen und ganzen? _____
13. Zeigt mein Kind mir liebevolle Zuneigung? _____
14. Sieht mein Kind mir gerne in die Augen? _____

Gesamtpunktzahl _____

Verschiedene Gesamtpunktzahlen können folgendes zeigen:

14-20 – Gefahr im Verzug, Probleme sofort lösen.
21-30 – Warnung, vorsichtig weiterfahren.
31-40 – Vorsicht Steinfall.
41-50 – Holprige Wegstrecke, aber sonst alles in Ordnung.
51-70 – Ende der Baustelle. Weiterhin vorsichtig fahren.

Wenn Sie glauben, daß eines oder mehrere Ihrer Kinder im Begriff ist, Ihnen gegenüber sein Herz zu verschließen – oder schon ein völlig verschlossenes Herz hat –, gäbe es einen wirksamen Weg, um damit zu beginnen, dieses Herz wieder zu öffnen. Sie könnten Ihr Kind zum Essen in ein Restaurant einladen oder am Wochenende mit ihm irgendwo hinfahren. In dieser Zeit sollten Sie ihm vermitteln, daß Sie mit ihm die bestmögliche Beziehung haben möchten. Nennen Sie ein bestimmtes Ereignis, von dem Sie glauben, daß Ihr Kind dadurch verletzt wurde. Fragen Sie es, ob dies der Fall war. Ist dem nicht so, könnten Sie fragen: „An welche Begebenheit denkst du zurück, wo ich dich verletzt habe, wenn es nicht bei diesem Ereignis war?" Seien Sie jedoch darauf vorbereitet, etwas zu hören, was Sie überhaupt nicht erwartet hatten. Wenn Verletzungen aus der Vergangenheit wieder ins Bewußtsein gerufen werden, sollten Sie einfach dasselbe tun, was Sie auch bei einer Verletzung tun, die sofort aus dem Weg geräumt wird. Machen Sie einfach diese Schritte – seien Sie sanft, liebevoll und verständnisvoll; geben Sie zu, daß Sie falsch gehandelt haben; versuchen Sie, Ihr Kind zärtlich zu berühren, und bitten Sie es um Vergebung.

Möglichkeiten, unsere eigenen Kinder zu kränken

Wenn Sie sich darum bemühen, sich darüber klarzuwerden, wie Sie Ihr Kind gekränkt haben, kann es nützlich sein, einige Möglichkeiten zur Auswahl zu haben. In meiner Seelsorgearbeit mit Kindern habe ich viele von ihnen gefragt, wie ihre Eltern sie verletzt haben. Ich habe aus ihren Antworten eine Liste zusammengestellt. Hier sind einige ihrer Antworten:

1. Meine Eltern haben kein Interesse an den Dingen, die mir wertvoll sind.
2. Sie halten ihre Versprechen nicht ein.
3. Sie kritisieren mich völlig zu Unrecht.
4. Sie erlauben meinen Geschwistern, mich zu demütigen.
5. Sie mißverstehen meine eigentlichen Motive.
6. Sie sagen unüberlegte Dinge.
7. Sie strafen mich für etwas, wofür ich schon bestraft worden bin.
8. Sie lassen mich wissen, daß meine Meinung nicht von Bedeutung ist.
9. Sie vermitteln mir das Gefühl, daß sie nie Fehler machen.
10. Sie gehen nicht gerade sanft mit mir um, wenn sie mir meine schwachen oder wunden Punkte vorhalten.
11. Sie halten mir einen Vortrag und verstehen nicht, daß ich jetzt nur ihre Unterstützung und Liebe brauche.
12. Sie sagen mir nie, daß sie mich lieben. Sie sind nie zärtlich zu mir.
13. Sie verbringen keine Zeit mit mir allein.
14. Sie sind völlig gefühllos, grob und brechen ihre Versprechen.
15. Sie sind gedankenlos.
16. Sie sagen nie „danke".
17. Wir verbringen nie Zeit zusammen.
18. Meine Schwierigkeiten und Probleme interessieren sie nicht.
19. Sie sagen grobe Worte.
20. Sie sind inkonsequent.
21. Alles, was ich tue, wird als selbstverständlich angesehen.
22. Sie schreiben mir vor, wie ich etwas zu tun habe, was ich schon längst alleine tun kann.

23. Sie nörgeln an mir herum.
24. Sie „kommandieren mich herum".
25. Ich werde nicht beachtet und nicht geliebt.
26. Sie nehmen gar keine Notiz von mir.
27. Ich werde nicht als ein denkender und gefühlvoller Mensch akzeptiert.
28. Sie sind zu sehr beschäftigt, um sich um mich zu kümmern oder mir zuzuhören.
29. Meine Bedürfnisse werden als unwichtig abgetan, besonders wenn ihnen ihre Arbeit oder ihr Hobby wichtiger ist.
30. Sie tischen mir Fehler aus der Vergangenheit auf, wenn es darum geht, gegenwärtige Probleme zu behandeln.
31. Sie necken mich übermäßig.
32. Sie bemerken meine Erfolge und Leistung gar nicht.
33. Sie machen taktlose Bemerkungen.
34. Sie mögen mich nur wegen meines guten Aussehens und meiner Fähigkeiten und nicht wegen meiner eigentlichen Persönlichkeit, dem, was wirklich in mir steckt.
35. Sie loben mich nicht und zeigen mir keine Anerkennung.
36. Sie bauen mich erst auf, um mich dann wieder zu enttäuschen.
37. Sie machen mir Hoffnung, daß wir etwas zusammen als Familie unternehmen, und danach wird nichts daraus.
38. Sie bestrafen mich, ohne mir zu versichern, daß sie mich lieben.
39. Sie strafen mich, ganz grob und wütend.
40. Sie sprechen nie mit mir über eine Strafe und erklären mir nie, warum ich bestraft werde.
41. Sie gebrauchen brutale Gewalt.
42. Sie verhalten sich mir gegenüber genau entgegengesetzt zu dem, was ich von einem Christen erwarten würde.
43. Sie schreien sich gegenseitig an.
44. Sie interessieren sich nicht dafür, wer ich wirklich bin.
45. Sie stempeln etwas, was ich gerade tue, oder jemanden, mit dem ich zusammen bin, als dumm oder blöd ab.
46. Sie benutzen Schimpfwörter, wenn sie mit mir böse sind.
47. Sie sind sehr ungeduldig, was ich als grobes Verhalten ihrerseits empfinde.
48. Sie sagen „Nein", ohne es zu begründen.

49. Sie loben mich nie.

50. Ich spüre einen Unterschied zwischen dem, was mit dem Mund und was mit dem Gesichtsausdruck gesagt wird.

51. Sie machen sarkastische Bemerkungen über mich.

52. Sie machen sich über meine Hoffnungen, Träume und Leistungen lustig.

53. Sie strafen mich hart für etwas, was ich gar nicht getan habe.

54. Ihnen sind immer andere Dinge wichtiger, wenn ich einmal wirklich etwas zu sagen habe.

55. Sie beleidigen mich vor anderen.

56. Sie sagen etwas, ohne darüber nachzudenken, wie das auf mich wirken könnte.

57. Sie üben Druck auf mich aus, wenn ich mich ohnehin schon deprimiert oder verletzt fühle.

58. Sie vergleichen mich mit anderen Kindern in der Schule und sagen mir, wie gut diese sind und daß sie sich wünschen, meine Leistungen würden auch besser sein.

59. Sie zwingen mich, mit ihnen zu diskutieren, wenn ich mich schon sehr verletzt fühle.

60. Sie behandeln mich wie ein kleines Kind.

61. Sie heißen nicht gut, was ich tue oder wie ich es tue. Ich bemühe mich immer wieder, von ihnen akzeptiert zu werden, aber sie geben mir einfach nie das Gefühl der Anerkennung.

62. Ich sehe, wie sie selbst die Dinge tun, die sie mir verboten haben.

63. Sie beachten mich nicht, wenn ich sie um einen Rat frage, weil sie zuviel zu tun haben.

64. Sie beachten mich nicht und stellen mich nicht einmal den Personen vor, die zu uns nach Hause kommen oder die wir unterwegs treffen.

65. Sie ziehen eindeutig meinen Bruder oder meine Schwester vor.

66. Sie verhalten sich so, als ob sie meinen Wünschen kaum Bedeutung zumessen.

67. Ich habe nicht das Gefühl, daß ich für sie etwas Besonderes bin. Es ist so wichtig für mich, daß meine Eltern mir irgendwie zeigen, daß ich ihnen wichtig bin, und wenn es auch noch so kleine Beweise dafür sind.

68. Ich erlebe, wie mein Vater meine Mutter erniedrigt. Das ist besonders schlimm, wenn andere dabei sind.
69. Sie berühren mich oder nehmen mich nur selten in die Arme.
70. Ich muß mit anhören, wie Mutti und Vati miteinander streiten, bis einer von ihnen wirklich sehr verletzt ist.
71. Sie vertrauen mir nicht.
72. Sie machen sich über etwas lustig, was mich äußerlich von anderen unterscheidet.
73. Ich muß mit ansehen, wie Mutti und Vati versuchen, sich aneinander zu rächen.
74. Ich habe das Gefühl, daß mein Vater nie gutheißt, was ich mache oder wie ich es mache.
75. Sie sind nicht in der Lage, sich in ihrer Wut zu mäßigen.
76. Sie sind wütend auf mich, weil ich ihrem Plan für mich nicht gerecht werden kann und nicht so gut bin wie sie.
77. Sie geben mir das Gefühl, daß sie sich wünschten, ich wäre nie geboren.
78. Sie haben nicht genügend Zeit für mich.
79. Ich brauche meine Eltern, aber sie sitzen immer wie angewachsen vor dem Fernsehgerät.
80. Ich sehe, wie meine Eltern für ihr Vergnügen sehr viel Geld ausgeben, aber wenn ich einen besonderen Wunsch habe, scheinen sie kein Geld zu haben.
81. Sie geben mir das Gefühl, daß ich kindisch bin.
82. Sie nehmen sich nicht die Zeit zu verstehen, was ich eigentlich sagen will.
83. Sie schreien mich an, obwohl mir schon klar ist, daß ich einen Fehler gemacht habe.
84. Sie geben mir das Gefühl, als hätte ich mich gar nicht bemüht, etwas besser zu machen, obwohl das doch der Fall war.

2

Kindererziehung mit
positiven Ergebnissen

Ich erschrak sehr, als das Polizeiauto in unseren Hof einfuhr.
Ich wußte, warum die Polizei gekommen war. Ich hatte zuviel
Angst, um mich zu bewegen, und saß ganz still. Dabei war ich
bemüht, sehr unschuldig auszusehen, während meine Mutter
die Tür öffnete.
Der Polizeibeamte stellte sich vor und wandte sich mir zu.
„Warst du heute mit deinem Freund Jimmy zusammen?" fragte
er mich. „Ja", sagte ich, wobei ich mein Bestes tat, um meine
Nervösität zu verbergen. „Wir sind meistens zusammen."
„Warst du heute mit ihm unten am Fluß?"
„Nein, ich war überhaupt nicht in der Nähe des Flusses." Der
Polizist sah zuerst meine Mutter an und dann wieder mich.
„Jimmy sagte mir, daß du heute mit ihm am Fluß warst und daß
ihr beide in eines der Häuser dort eingebrochen seid."
Ich konnte spüren, wie mir das Blut in den Kopf schoß, als ich
den Kopf schüttelte, um das zu leugnen. Der Polizist sprach
weiter: „Du mußt nächste Woche vor dem Jugendgericht
erscheinen. Ich habe Zeugen, die dort gegen dich aussagen
werden." Ich fing an zu weinen und gestand alles: „Ich war
unten am Fluß. Wir sind in eines der Häuser eingebrochen.
Aber wir haben nur ein paar Kleinigkeiten mitgenommen."
Dies war nicht mein erster Konflikt solcher Art. Einige der
Geschäftsleute unserer Stadt beschuldigten mich, Geld und
Waren aus ihren Geschäften gestohlen zu haben. Ich hatte
ihnen nichts gestohlen, aber ich hatte jetzt einen schlechten
Ruf, und deshalb verdächtigten sie mich. Es ging überall in der
Stadt das Gerücht um, daß ich wahrscheinlich in eine Erzie-
hungsanstalt kommen würde. Als Heranwachsender tat ich im
Grunde immer genau das, was ich wollte und wann ich es
wollte. Ich bin sicher, daß ich für mein verantwortungsloses

Verhalten und meine Einstellung als Kind und Heranwachsender unzählige Schläge verdient hätte, aber meine Eltern schlugen mich nie. Die Konsequenz war, daß es viele Bereiche in meinem Leben gegeben hat, wo ich als Erwachsener Schwierigkeiten hatte, mich anzupassen. Regeln und Verbote galten nie für mich. Wenn ein Verkehrszeichen aussagte „Parken verboten", parkte ich trotzdem dort, weil ich „ja eine Ausnahme war". Da es keine Regeln und Verbote in meiner Familie gab, ging ich davon aus, daß diese Verbote für andere, aber nicht für mich gültig waren.

Allerdings hatte die Einstellung meiner Eltern zur Kindererziehung einen positiven Einfluß auf mein Leben; sie legte den Grundstein für ein starkes Selbstwertgefühl. Diese Tatsache mag seltsam klingen, wenn Sie von den Schwierigkeiten gelesen haben, in die ich verwickelt war. Aber wenn ich jetzt auf meine Erziehung zurückblicke, erkenne ich, daß meine Eltern zu einer der vier Elternarten gehörten, mit denen wir uns in diesem Kapitel befassen. Ich verstehe jetzt, wie es möglich war, daß ich mit einem solch positiven Selbstbild in einer Familie aufwachsen konnte, in der es keinerlei Zucht und Strafen gab.

Vor ein paar Jahren beschrieb Dr. Dennis Guernsey in der Zeitschrift ‚Family Life Today' (Familienleben heute) vier grundlegend verschiedene Elterntypen. Seine Beobachtungen basierten auf einer Studie von drei Philosophiedoktoren der Universität Minnesota. Kinder zweier Elterntypen neigen dazu, Autorität abzulehnen, sie nicht anzuerkennen. Diese Kinder neigen auch dazu, sich selbst nicht zu mögen. Sie haben oft schlechte Schulergebnisse und sind davon überzeugt, daß sie nie Erfolg haben werden. Diese beiden Arten von Eltern verursachen öfters bei ihren Kindern ein verschlossenes Herz mit all den verschiedenen Problemen, die wir im ersten Kapitel erwähnt haben.

Die beiden anderen Elterntypen hingegen – die eine Kategorie beschreibt meine Eltern – haben oft Kinder, die sich positiver verhalten. Diese Kinder sind selbstsicherer, mögen sich selbst und sind in der Schule erfolgreicher und verantwortungsvoller als Erwachsene.

Wenn wir jetzt jede Kategorie dieser Eltern untersuchen, ist es wichtig, daß wir nicht nur die Elterntypen analysieren, zu denen wir uns selbst gerne zählen würden, sondern daß wir unser Leben im Lichte dessen überprüfen, wie wir von unseren Eltern aufgezogen worden sind.

Vier verschiedene Elterntypen

1. Die dominierenden oder bestimmenden Eltern

Dieser Elterntyp bringt bei den Kindern die meisten negativen Eigenschaften hervor. Dominierende Eltern haben meist sehr hohe Maßstäbe und Erwartungen. Aber sie bieten ihren Kindern selten eine liebevolle Unterstützung und Betreuung. Sie geben sehr wenige Erklärungen für ihre starren Gebote und Verbote. Sie sind unbeugsam und beharren auf ihren Prinzipien. Sie fordern von ihren Kindern, daß diese sich aufgrund ihrer starken Überzeugungen von bestimmten Aktivitäten fernhalten. Da sie den Kindern jedoch nie die Gründe nennen, warum diese Verhaltensweisen falsch sind, kann es sein, daß sie gerade deshalb heimlich das Verbotene ausprobieren.

In den Jahren 1960 bis 1981 untersuchte eine Gruppe von Psychologen und Psychiatern 875 Drittklässler in der ländlichen Gegend von Columbia im Staate New York. Sie kamen zu einigen Schlußfolgerungen in bezug auf dominierende Eltern: Ein hoher Grad an Aggression bei kleineren Kindern wird durch das Verhalten von übermäßig dominierenden Eltern hervorgerufen. Diese starke Aggressivität bleibt ein Leben lang bestehen und kann zu größeren Gewalttaten führen. Die Studie zeigte auch, daß hartes Bestrafen, gekoppelt mit Ablehnung, zu aggressivem Verhalten führen kann.

Dies sind einige der typischen Bemerkungen und Verhaltensweisen von dominierenden Eltern:

– „Verbote sind Verbote. Du bist zu spät nach Hause gekommen – ins Bett ohne Abendessen!"
– „Ich dulde deine unverschämten Antworten nicht. Du hast dich jetzt zu entschuldigen." (Oder das Kind wird geohrfeigt.)
– „Du brauchst nicht die Gründe zu wissen. Tue einfach, was ich dir sage."

– „Es interessiert mich nicht, wie viele deiner Freunde zu dieser Party gehen. Du gehst nicht hin, und ich möchte kein Wort mehr hören, hörst du?"

– „Keiner meiner Söhne gibt eine Arbeit auf, die er angefangen hat. Du wirst diese Arbeit zu Ende führen, koste es, was es wolle."

– „Wie oft habe ich dir gesagt, daß du das nicht darfst? Geh in dein Zimmer!"

Hier sind ein paar mögliche Reaktionen von Kindern, die dominierende Eltern haben:

– Sie zählen zu den Kindern, die die geringste Selbstachtung haben. Es fällt ihnen schwer, sich an Verbote zu halten oder sich einer Autorität unterzuordnen.

– Die starre Härte solcher Eltern läßt die Kinder innerlich zerbrechen und führt zu Widerstand. Die Kinder verschließen sich völlig und sprechen nicht mehr mit den Eltern, oder sie werden widerspenstig und aufsässig.

– Die Kinder wollen meist überhaupt nichts mehr mit den Wertmaßstäben und Vorschriften ihrer Eltern zu tun haben. Sie neigen dazu, alle Ideale ihrer Eltern abzulehnen.

– Die Kinder fühlen sich vielleicht zu anderen Kindern hingezogen, die sich auch gegen ihre Eltern und gegen allgemeine Regeln in der Gesellschaft auflehnen. Sie nehmen vielleicht Drogen oder handeln gesetzeswidrig.

– Die Kinder verlangen lautstark danach, ihre Rechte zu bekommen.

– In einer Schulklasse kann es sein, daß sie oft stören, um die Aufmerksamkeit der anderen auf sich zu lenken.

2. Die gleichgültigen Eltern, die ihre Kinder vernachlässigen

Die gleichgültigen Eltern haben meist weder Liebe für ihre Kinder noch haben sie sie im Griff. Sie legen eine unreife, lieblose Haltung gegenüber ihren Kindern an den Tag und prügeln direkt auf ein Kind ein, wenn sie irgendwie gereizt oder dazu gedrängt wurden. Diese Eltern neigen dazu, sich von ihren Kindern fernzuhalten, indem sie sie oft den Babysittern überlassen und ihren eigenen selbstsüchtigen Wünschen und Aktivitäten nachgehen. Kinder sind ihnen nur lästig, man darf sie „sehen, aber nicht hören."

Dr. Armand Nicholi, Professor an der medizinischen Fakultät von Harvard, half mir zu verstehen, daß gleichgültige Eltern auch ‚abwesend' sein können, wenn sie zu Hause sind. Sie stehlen ihren Kindern eine der wichtigsten Grundvoraussetzungen ihres Lebens – sie sind für ihre Gefühle nicht ansprechbar. Sind sie zu Hause, hören sie ihren Kindern meist nicht zu oder achten nicht auf sie.

Nach Dr. Nicholi gibt es vier Gründe, warum unsere Kinder heute besonders vernachlässigt werden:

a. Die hohe Scheidungsrate. Die Statistiken zeigen, daß es mehr als dreizehn Millionen Kinder gibt, die nur mit einem Elternteil aufwachsen. Die Scheidungsrate verzeichnete seit den frühen 60er Jahren einen stetigen Aufwärtstrend. Die meisten Scheidungen erfordern es, daß alleinerziehende Eltern außerhalb des Hauses arbeiten, was ihnen wenig Zeit für die gefühlsmäßige Entwicklung ihrer Kinder übrig läßt. Es ist sehr schwer für alleinerziehende Eltern, ihren Kindern jeden Tag die nötige Zeit zu geben, um ihnen zuzuhören und bei allen anfallenden Problemen für sie dazusein. Allerdings ist es auch nicht unmöglich.

b. Immer mehr Mütter sind berufstätig. Die Zahl der berufstätigen Mütter erhöhte sich in den 60er Jahren auch wesentlich, weil in dieser Zeit besonders betont wurde, daß Frauen keine Erfüllung und Befriedigung finden, wenn sie sich nur um ihre Familie kümmern. Heutzutage gibt es auch großen finanziellen Druck, der viele Frauen zwingt, sich eine Arbeit zu suchen. Berufstätige Mütter sind für ihre Kinder nicht in dem Maße ansprechbar.

Die Selbstmordrate bei Kindern zwischen 10 und 14 Jahren hat sich in den vergangenen zehn Jahren verdreifacht. Dr. Nicholi sagt, daß dies in direktem Zusammenhang mit den genannten Veränderungen in den amerikanischen Familien steht. Anhand einer Studie, die er zitiert, zeigt Dr. Nicholi, daß amerikanische Eltern weniger Zeit mit ihren Kindern verbringen als dies in jeder anderen Nation der Fall ist, ausgenommen Großbritannien. In der Studie wird von einem russischen Vater gesprochen, der von sich sagte, daß er nicht einmal daran denken würde, mit seinen Kindern täglich weniger als zwei Stunden zu verbringen. Eine Studie der Universität von Boston kam dagegen zu dem Ergebnis, daß der durchschnittliche amerikanische Vater täglich ungefähr 37 Sekunden mit seinen Kindern verbringt.

c. Es wird übermäßig ferngesehen. Dieser übermäßige Fernsehkonsum steigerte sich auch in den sechziger Jahren. Heute haben mehr als 90% der Haushalte wenigstens einen Fernsehapparat. Das Problem beim Fernsehen besteht darin, daß Menschen zwar körperlich zusammen in einem Zimmer sitzen, es aber sehr wenig Kommunikation in bezug auf die Gefühle zwischen ihnen gibt. Wenn Eltern ihre Kinder durch Fernsehen oder andere Aktivitäten vernachlässigen, empfinden die Kinder einen gefühlsmäßigen Verlust, der dem Verlust eines Elternteils durch Tod zu vergleichen ist. Sie fühlen sich oft schuldig, wenn ihre Eltern aus irgendeinem Grunde ‚abwesend‘ sind. Manche glauben sogar, daß ihre Eltern nichts mit ihnen zu tun haben wollen, weil sie schlecht sind. Wenn sie nur bessere Kinder wären, würden ihre Eltern mehr Zeit mit ihnen verbringen. Natürlich vermindert dieses Bewußtsein das Selbstwertgefühl eines Kindes.

d. Eine immer mobilere Gesellschaft. Mehr als 50% der Amerikaner ziehen alle fünf Jahre um. Diese Mobilität beraubt die Kinder der wichtigen Zeit mit ihren Eltern und nimmt ihnen die gefühlsmäßige Stärke und die Zeit, die ihnen Freunde und Verwandte in ihrer früheren Umgebung schenkten. Aber selbst wenn wir mit unseren Familien umziehen müssen, können wir immer noch für unsere Kinder ansprechbar sein. Wir können dies tun, indem wir jeden Tag eine bestimmte Zeit freihalten, die wir mit jedem einzelnen Kind oder mit der ganzen Familie verbringen. Dr. Nicholi betonte, daß eine solche Zeit benutzt werden sollte, um den Folgen unserer mobilen und sich ständig verändernden Gesellschaft entgegenzuwirken.

Um zu verdeutlichen, wie weitverbreitet dieses Problem ist, daß Eltern zu wenig für ihre Kinder ansprechbar sind, sollten Sie kurz innehalten. Versuchen Sie, sich nur fünf Minuten auf das Wohlergehen Ihrer Familie zu konzentrieren und darauf, wie Sie dazu beitragen könnten, die gefühlsmäßigen Bedürfnisse jedes Ihrer Kinder zu stillen. Dies wird Ihnen vielleicht schwerfallen, weil wir in unserer Kultur so etwas nicht gewöhnt sind.

Wir führen jetzt einige typische Reaktionen und Verhaltensweisen von gleichgültigen Eltern an:

- „Sieh' zu, wie du alleine zurechtkommst. Merkst du nicht, daß ich beschäftigt bin?"
- „Nein! Ich werde heute abend schon woanders erwartet. Deine Mutter soll dir helfen."
- „Nein, du kannst nicht länger aufbleiben. Denk' daran, daß du schon gestern abend länger aufbleiben wolltest. Geh' mir nicht auf die Nerven!"
- „Das ist dein Problem. Ich muß zur Arbeit fahren."
- „Du meine Güte! Könnt ihr Kinder nicht etwas vorsichtiger sein?"
- „Du kommst schon wieder zu spät! Könnte mir bitte jemand das Fleisch geben?"
- „Du denkst also, daß ich dumm bin, hm? Nun, mein Freund, das ist dein Problem. Dann geh doch hin, wo der Pfeffer wächst!"

Jetzt wollen wir einige mögliche Konsequenzen aufzählen, die gleichgültige Eltern bei ihren Kindern hervorrufen können:

- Die Härte und die Vernachlässigung können das Herz eines Kindes sehr verletzen, was wiederum zu Aufsässigkeit führt.
- Aufgrund der Vernachlässigung meint das Kind, daß es nicht wertvoll genug ist, damit seine Eltern Zeit mit ihm verbringen.
- Das Kind fühlt sich mit der Zeit sehr unsicher, da das Verhalten seiner Eltern nie vorhersagbar ist.
- Es kann sein, daß das Kind kein gesundes Selbstwertgefühl entwickelt, weil es nicht geachtet wird und nicht gelernt hat, sich selbst zu beherrschen.
- Nicht eingehaltene Versprechen brechen dem Kind das Herz und vermindern sein Selbstwertgefühl.

– Das Kind wird meist schlechte schulische Leistungen haben, weil es wenig Motivation zum Lernen hat.

3. Die freizügigen Eltern

Freizügige Eltern neigen dazu, sehr warmherzig und liebevoll zu sein. Es fällt ihnen jedoch schwer, Regeln, Verbote und Grenzen für ihre Kinder aufzustellen und durchzusetzen.
Meine Eltern gehörten in diese Kategorie. Meine Mutter und mein Vater waren sehr liebevoll und herzlich und nahmen mich an. Aber soweit ich mich erinnern kann, gab es bei uns zu Hause nie starre Verbote oder Regeln. Meine Eltern gaben meist meinen Wünschen und Forderungen nach. Selbst wenn ich ihnen Ärger und Schwierigkeiten machte, schlugen oder straften sie mich nie. Meine Mutter sagte, daß sie nie ein Kind schlug, weil ihr erstes Kind an Blutvergiftung gestorben war und sie es zwei Wochen vor seinem Tod noch geschlagen hatte.
Mein Vater mußte ihr versprechen, daß er nie eines der verbleibenden fünf Kinder schlagen würde.
Obwohl sie es gut meinten, beeinflußte mich diese ständige Nachsicht negativ. Meine Eltern überließen mir ganz und gar die Entscheidung, wie ich meine Freizeit verbringen wollte. Dies hat einige Probleme in meinem Leben ausgelöst. Einmal ertappte mich mein Vater dabei, als ich als kleiner Junge etwas sehr Böses getan hatte. Seine feste Stimme zeigte mir, daß ich in Schwierigkeiten war. Aber später sagte er mir, er werde mich nicht bestrafen, wenn ich ihm versprechen würde, es nie wieder zu tun. Ich habe ihm sogar gesagt, daß ich die Strafe von ihm zu Recht verdiene, aber er wollte es nicht tun. In mir war etwas vorhanden, das sich nach der Strafe und der nötigen Korrektur sehnte.
Dieselbe Freizügigkeit erlebte ich in der Schule. Einmal ertappte mich eine Lehrerin dabei, als ich kleine Zettelchen durch die Reihen gab, nachdem sie mich zuvor vor den Folgen gewarnt hatte, wenn ich damit nicht aufhören würde. Sie schickte mich zum Direktor. Er sprach eine Weile mit mir und sagte mir, daß ich mich bessern müsse. Dann drohte er, er würde mir den „Hintern versohlen", und ich glaubte, daß er es wirklich ernst meinen würde. Aber ungefähr 15 Minuten später

sagte er, er wolle mir noch einmal eine Chance geben, wenn ich versprechen würde, keine Zettel mehr durch die Reihen zu geben. Natürlich habe ich es ihm versprochen, aber ich kann mich daran erinnern, daß ich innerlich doch enttäuscht darüber war, daß er seine Drohung nicht wahr machte.

Einer der Hauptgründe, warum einige Eltern ihren Kindern zuviel erlauben, ist die Angst, ihren Kindern durch ihre Strenge Schaden zuzufügen. Diese Angst, sich gegen ihre Kinder zu stellen, kann genau das hervorrufen, was die Eltern befürchtet hatten.

Freizügige Eltern haben jedoch auch positive Züge: Sie können sehr viel Liebe geben. Ich bin sehr dankbar, daß meine Eltern mir soviel Zuneigung und Liebe entgegengebracht haben. Sie haben mir viel gegeben, waren sehr verständnisvoll und ermutigend. Gute Eltern erkennen, daß ein gewisses Maß an Freizügigkeit für ihre Kinder sehr gesund ist. Das bedeutet, daß sie akzeptieren, daß Kinder nun einmal Kinder sind, daß ein sauberes Hemd nicht lange sauber bleiben wird, daß Kinder immer rennen statt zu laufen, daß ein Baum dazu da ist, um hinaufzuklettern, und ein Spiegel, um Grimassen zu schneiden. Es bedeutet auch zu akzeptieren, daß Kinder das Recht auf kindliche Gefühle und Träume haben. Diese Art von Freizügigkeit gibt einem Kind Selbstvertrauen und erhöht seine Fähigkeit, seine Gedanken und Gefühle auszudrücken.

Übermäßige Freizügigkeit führt auf der anderen Seite zu solchen nicht wünschenswerten Verhaltensweisen wie das Verprügeln von anderen Kindern, das Besprühen von Gebäuden und Zerstören von Gegenständen.

Die folgenden Aussagen und Verhaltensweisen sind typisch für Eltern, die ihren Kindern alles erlauben:

– „Also gut, du darfst dieses Mal aufbleiben. Ich weiß, wie gerne du diese Sendung siehst."
– „Bist du müde? Eine Schnitzeljagd ist ganz schön anstrengend. Ich werde dich im Auto mitnehmen."
– „Ich mag es nicht, daß du in der Schule einem solchen Leistungsdruck ausgesetzt wirst. Warum willst du dich morgen nicht ein bißchen ausruhen? Ich werde sagen, daß du krank bist."

- „Du hast nicht gehört, als ich dich zum Abendessen gerufen habe. Das macht nichts. Setz' dich hin, es ist gleich soweit."
- „Sei bitte nicht wütend auf mich und mach mir keine Szene."
- „Jimmy, versuche bitte, dich zu beeilen. Mutti wird wieder zu spät kommen, wenn wir nicht bald losfahren."

Hier sind einige mögliche Reaktionen von Kindern, deren Eltern ihnen alles erlauben:

- Die Kinder spüren, daß sie das Steuer in der Hand halten, und deshalb nutzen sie die Eltern entsprechend aus.
- Diese Kinder entwickeln ein Gefühl von Ungeborgenheit, als ob sie sich gegen eine Wand lehnen würden, die zuerst fest zu stehen scheint, dann aber zusammenfällt.
- Die Kinder haben meist auch wenig Selbstachtung, weil sie nicht gelernt haben, sich selbst zu beherrschen und in bestimmten Bereichen persönliche Disziplin zu üben.
- Solche Kinder lernen, daß man Regeln und Verbote manipulieren und sich durch das Leben mogeln kann, weil Maßstäbe und Regeln in ihrer Familie nie fest waren.

4. Die liebevollen und konsequenten Eltern

Liebevolle und konsequente Eltern haben meist klar definierte Regeln, Grenzen und Maßstäbe für das Leben. Sie nehmen sich Zeit, ihre Kinder zu lehren, damit sie diese Grenzen verstehen können – z.B. warum wir keine Liebeserklärung in den Baum des Nachbarn schnitzen –, und sie geben klare Warnungen, wenn ein Kind eine festgesetzte Grenze überschritten hat. Aber sie zeigen auch ihre Liebe, indem sie zärtlich zu ihren Kindern sind und persönlich viel Zeit darauf verwenden, jedem Kind zuzuhören. Sie sind flexibel und bereit, alle Fakten anzuhören, wenn eine bestimmte Grenze übertreten wurde.
Die liebevollen und konsequenten Eltern sind eine gesunde und ausgeglichene Mischung aus den dominierenden und alles erlaubenden Eltern. Es liegt Konsequenz in klar umschriebenen Verboten wie: „Du darfst nicht bewußt unsere Möbel oder die Möbel anderer Leute beschädigen", aber diese feste Haltung wird von einer liebevollen Haltung und zärtlichen Gesten begleitet.

Hier sind einige typische Aussagen und Verhaltensweisen von liebevollen und konsequenten Eltern:

- „Du kommst schon wieder zu spät zum Essen, kleiner Tiger. Wie können wir das gemeinsam lösen?" (Diese Eltern verbringen viel Zeit damit, mit dem Kind zusammen Lösungen zu erarbeiten.)
- „Ich wünschte, ich könnte dir erlauben, länger aufzubleiben, aber wir haben uns ja gemeinsam auf diese Zeit geeinigt. Und denk' mal daran, wie du dich morgen fühlen wirst, wenn du nur so wenig Schlaf bekommst?"
- „Wenn wir uns beide wieder beruhigt haben, können wir darüber reden, was getan werden muß."
- „Du hast dich wirklich festgefahren, nicht wahr? Dieses Mal will ich dir helfen. Laß uns herausfinden, wie du es beim nächsten Mal alleine schaffen kannst."
- „Du sagst, daß alle anderen Mädchen auch hingehen. Ich hätte lieber zuerst noch mehr Informationen."
- „Hast du heute schon Klavier gespielt? Ich tue das nicht gerne, aber wir haben uns darauf geeinigt: kein Essen, bevor du nicht zu Ende geübt hast. Wir werden dir das Essen warm halten."
- „Du darfst ans Telefon gehen, aber zuvor mußt du erst lernen, wie man richtig mit den Menschen am anderen Ende der Leitung spricht."

Typische Eigenschaften von Kindern, die liebevolle und konsequente Eltern haben:

- Die liebevolle Unterstützung und die klar definierten Grenzen fördern bei den meisten dieser Kinder die Selbstachtung.
- Ein solches Kind ist zufriedener, wenn es gelernt hat, sich selbst zu beherrschen.
- Seine Welt ist sicherer, und es fühlt sich geborgener, wenn es festgelegte Grenzen gibt und wenn es versteht, warum es diese Grenzen einhalten soll und auf welchen Grundsätzen diese Grenzen basieren.
- Weil das Herz dieser Kinder nicht verschlossen ist, sind die Kommunikationswege zu den Eltern auch offen zugänglich. Es wird weniger zu den „widerspenstigen Teenjahren" kommen.

- Die Kinder von liebevollen und konsequenten Eltern zählen
  zu den Kindern mit
  a) der höchsten Selbstachtung;
  b) der größten Fähigkeit, sich in der Schule, Kirche etc.
     anzupassen;
  c) dem größten Interesse an dem Glauben ihrer Eltern und
  d) der geringsten Neigung, sich einer widerspenstigen
     Gruppe von Jugendlichen anzuschließen.

Die liebevollen und doch in ihren Verboten konsequenten
Eltern halten sich an die biblischen Richtlinien über Kinderer-
ziehung und Elternschaft. Die Bibel betont zwei Arten, wie
Eltern ihre Kinder erziehen und für sie sorgen sollen. Zuerst
einmal sollen sie ihre Kinder an *Disziplin* gewöhnen, was zum
Teil bedeutet, daß sie in der Familie klar umrissene Regeln und
Grenzen aufstellen.

Zweitens sollen sie der wichtigsten *Lehre* der Heiligen Schrift
Folge leisten: einander zu lieben.

Die beiden wichtigsten Punkte in der Kindererziehung

Ich bin zu der Überzeugung gelangt, daß es zwei Punkte gibt,
die für die Erziehung von Kindern am wichtigsten sind:
1) klar definierte und von den Kindern verstandene Grenzen in
   der Familie aufstellen; Regeln, von denen die Kinder
   wissen, daß sie sie nicht ohne Folgen übertreten dürfen;
2) sich darauf festlegen, jedes Kind liebevoll und zärtlich zu
   lieben und es auf jede nur mögliche Weise zu unterstützen.

In der untenstehenden Tabelle werden noch einmal die vier
Elterntypen zusammengefaßt. Die dominierenden Eltern
haben weniger die Fähigkeit, liebevoll, zärtlich und ermutigend
zu sein, und sind stärker, wenn es darum geht, starre Regeln
und Beschränkungen festzusetzen. Gleichgültige Eltern, die
ihre Kinder vernachlässigen, tendieren dazu, es ihren Kindern
an liebevoller Unterstützung fehlen zu lassen, und sie sind auch
schwach, was das Aufstellen von Regeln und Grenzen in der
Familie anbelangt. Freizügige Eltern sind im allgemeinen liebevoll, zärtlich, ermutigend und bejahend, doch fehlt ihnen die

Fähigkeit, klar umrissene Regeln und Grenzen festzusetzen. Der vierte Elterntyp, die liebevollen und in bezug auf Regeln konsequenten Eltern, haben klar umrissene Grenzen festgelegt und bemühen sich mehr darum, ihren Kindern ihre Unterstützung durch Liebe und Zärtlichkeit zu zeigen.

Elterntyp	Liebe und Ermutigung für ihre Kinder	Kinder durch Regeln und Grenzen in der Familie konsequent erziehen
Dominierend	Wenig	Viel
Gleichgültig	Wenig	Wenig
Freizügig	Viel	Wenig
Liebevoll und konsequent	Viel	Viel

3

Liebevolle Unterstützung zum Ausdruck bringen – der wichtigste Aspekt in der Kindererziehung

Vorn im Auto konnte man die gespannte Atmosphäre besonders deutlich spüren. Greg starrte schweigend aus dem Fenster. „Ich weiß, was du getan hast", sagte ich. Mein dreizehn Jahre alter Sohn hatte etwas getan, von dem er wußte, daß es falsch war. Aber er konnte es nicht zugeben.

Die Tränen strömten über sein Gesicht, als er sagte: „Vati, ich wollte es dir nicht sagen, weil ich wußte, daß du dich meiner schämen würdest." Ich hielt ihm meine Arme entgegen. Er fiel mir sofort in die Arme und fing an zu schluchzen. Ich konnte spüren, wie sich sein Körper entspannte, als ich ihm sagte: „Denke immer daran, egal was du auch getan hast oder je tun wirst, ich werde dich immer lieben."

Nach diesen Worten war Greg in der Lage zuzugeben, was er getan hatte. Als er meine Liebe für ihn spürte, entspannte er sich, und wir konnten offen miteinander reden. In diesem Kapitel wollen wir untersuchen, wie wir unseren Kindern unsere Liebe und Unterstützung zeigen können, diese Liebe, die Familien stärker zusammenwachsen läßt und einem Kind ein größeres Selbstwertgefühl gibt.

Bedingungsloses Sich-Einsetzen für unsere Kinder

Wir können unseren Kindern am besten unsere Liebe und Unterstützung zusprechen, indem wir ihnen *das Versprechen geben, daß wir uns für sie ein Leben lang bedingungslos einsetzen wollen*. Eine solche Verpflichtung unseren Kindern gegenüber bedeutet z.B.: „Du bist mir heute und morgen wichtig, unabhängig davon, was auch geschehen mag."

Meine Familie wird täglich an meine Verpflichtung ihr gegenüber erinnert. Im Eingangsflur unseres Hauses hängt ein Wand-
spruch, den ich gemacht habe und auf dem steht: „Für Norma,
Kari, Gregory und Michael – ich verspreche, mich ein Leben
lang für euch einzusetzen."

Norma und ich sagen unseren Kindern oft, daß wir sie lieben.
Auf vielerlei Art und Weise machen wir ihnen deutlich, daß wir
uns ein Leben lang für sie einsetzen wollen, ungeachtet dessen,
was sie tun werden. Wir haben uns verpflichtet, ihnen zu helfen,
in allem, was sie tun wollen, erfolgreich zu sein. Wir werden
auch noch für sie dasein, wenn sie geheiratet haben. Wir
werden für sie einstehen, ungeachtet dessen, wen sie heiraten
oder was während ihrer Ehe geschieht. Wir fühlen uns genauso
gegenüber ihren Ehepartnern und ihren Kindern verpflichtet.
Wir sagen ihnen, daß wir immer zur Verfügung stehen, um
ihnen zuzuhören. Sollten sie in irgendwelche Schwierigkeiten
geraten, werden wir ihnen helfen. Das bedeutet nicht unbedingt, daß wir ihnen aus jeder heiklen Situation heraushelfen
werden, denn das wäre nicht das Beste für sie. Aber sie wissen,
wie sehr wir sie lieben und daß absolut nichts uns davon
abbringen wird, sie zu lieben.

Mark Frazie, ein Berufsboxer, erzählte mir, wie ihm seine
Eltern ihr Engagement für ihn zeigten. Auf die Frage, wer der
Mensch in seinem Leben sei, der ihn am meisten ermutigt habe,
sagte er, ohne zu zögern: „Mein Vater". Sein Vater sei sein
bester Freund und werde dies immer bleiben.

Mark erklärte: „Im Alter von neunzehn Jahren durchlebte ich
eine sehr schwere Zeit. Einige aus meiner Familie waren gegen
mich, und viele meiner Verwandten verstanden mich nicht.
Aber mein Vater sagte mir, daß ich immer noch sein Sohn sei,
obwohl ich ihn in dieser Zeit durch mein Verhalten gekränkt
hatte. Er würde mich immer lieben und immer dasein, um mir
aus schwierigen Situationen herauszuhelfen."

Treten Eltern hingegen nicht so bedingungslos für ihr Kind ein,
so kann dies für ein Kind zu größeren Konflikten führen. Ein
verschüchterter achtzehnjähriger junger Mann mußte sich vor
einem strengen Richter verantworten, der ein enger Freund
seines Vaters war. Dieser Richter sagte ihm, daß er eine
Schande für die Gemeinde und für seine Familie sei: „Du soll-

test dich schämen, daß du dem Namen deiner Familie solche Schande und deinen Eltern soviel Schmerz und Schwierigkeiten bereitest. Dein Vater ist ein rechtschaffener Bürger unserer Gemeinde. Ich habe selbst in mehreren Ausschüssen der Stadt mit ihm zusammengearbeitet und kenne sein Engagement für unsere Stadt. Dein Vater ist einer meiner besten Freunde. Es tut mir sehr weh, dich heute für dein Verbrechen schuldig sprechen zu müssen."

Sichtlich verlegen und mit gesenktem Kopf hörte der junge Mann dem Richter zu. Dann, kurz vor der Urteilsverkündung, bat er darum, noch etwas sagen zu dürfen: „Ich möchte nicht unhöflich oder respektlos sein. Ich möchte auch mein Verhalten nicht entschuldigen. Aber ich beneide Sie sehr. Sehen Sie, es gab viele Tage und Nächte, in denen ich mir wünschte, der beste Freund meines Vaters sein zu können. Es gab viele Zeiten, in denen ich seine Hilfe dringend benötigt hätte: bei meinen Schulaufgaben, bei Problemen mit meinen Freundinnen und in einigen schwierigen Problemen, die ich als Teenager zu bewältigen hatte. Aber mein Vater war sehr viel unterwegs. Wahrscheinlich war er in einigen dieser Ausschüsse mit Ihnen zusammen, oder er spielte Golf. Ich hatte immer das Gefühl, daß ihm andere Dinge wichtiger waren als ich. Ich will nichts Respektloses über ihn sagen, aber ich würde mir sehnlichst wünschen, meinen Vater so gut zu kennen, wie Sie ihn kennen."

Der Richter, der von den Worten des Jungen ganz überwältigt wurde, setzte dessen Strafe auf Bewährung aus und verfügte, daß sich Vater und Sohn wöchentlich treffen, um einander besser kennenzulernen. Offensichtlich durch das Urteil gedemütigt, erkannte der Vater, daß er seinem Sohn zu wenig Zeit gewidmet hatte. Darüber hinaus wirkte sich das Urteil in der Weise positiv aus, daß der Vater seinen Sohn besser kennenlernte, und das war der Wendepunkt im Leben des jungen Mannes.

Das Planen von Aktivitäten mit der Familie

Eine zweite Möglichkeit, wie wir als Eltern unsere Liebe zeigen können, ist *das Planen von besonderen Aktivitäten mit der*

Familie. Es kommt nicht von selbst, daß wir unseren Kindern Liebe und Bestätigung vermitteln können. Ich glaube, daß solche Zeiten regelmäßig eingeplant werden sollten – möglichst täglich –, weil unsere Kinder uns brauchen.

Planen Sie Aktivitäten, die für alle Beteiligten gleich interessant sind. Die Aktivität selbst ist gar nicht so wichtig. Aber sie sollte den Kindern sowie den Eltern gleichermaßen Freude bereiten. Oft können sich die tiefsten Beziehungen bei den einfachsten Aktivitäten entwickeln.

Als Familie gehen wir häufig zelten. Wenn wir zusammen mit dem Auto unterwegs sind, in unseren Schlafsäcken liegen oder darauf warten, daß ein Fisch anbeißt, werden häufiger Dinge angesprochen, die uns ein tieferes Verständnis für unsere Kinder schenken. So sind dies besondere Zeiten, die uns als Eltern helfen zu verstehen, was unsere Kinder gerade beschäftigt und was sie bedrückt. Die Tatsache, daß wir mit ihnen Zeit verbringen, zeigt ihnen schon, daß sie geliebt werden. Die Bereitschaft der Eltern, ihren Kindern für intensivere Gespräche geduldig und abwartend zur Verfügung zu stehen, vergrößert das Selbstwertgefühl ihrer Kinder.

An einem Sommerabend fuhren wir mit unserem Wohnmobil von Portland im Bundesstaat Oregon nach Chicago. Es war ungefähr 22 Uhr, und außer mir schliefen alle. Ich hatte geplant, gegen 23 Uhr auf einen Campingplatz zu fahren und Halt zu machen, aber es wurde nichts aus meinem Plan. Meine Tochter Kari, die zu der Zeit etwa 13 Jahre alt war, wurde wach, kam nach vorn und setzte sich neben mich. Sie brachte die Themen Freundschaft und Ehe zur Sprache, und bald führten wir ein sehr gutes Gespräch über die Folgen von vorehelichem Geschlechtsverkehr. Wir hatten jetzt in dieser Situation keine terminlichen Verpflichtungen, und kein Telefon konnte uns stören. Ich hätte eine solch bedeutsame Zeit mit Kari nie planen können. Wir brauchten nicht anzuhalten, um zu essen, und meine Tochter war natürlich sehr an unserem Gespräch interessiert. So blieben wir bis ungefähr 2 Uhr nachts auf, während alle anderen schliefen. Solche Zeiten kommen nicht einfach von selbst, wenn wir nicht zuvor gewisse Aktivitäten mit unseren Kindern einplanen. Wenn unsere Kinder sehen, daß wir andere Dinge hintenanstellen, um mit ihnen zusammen zu sein, werden sie auch erkennen, wie wichtig sie uns sind.

Ich frage mich häufig, warum wir als Eltern so sehr zögern, unseren Kindern zu sagen, wie wertvoll sie uns sind. Wir müssen ihnen regelmäßig sagen, daß sie uns wichtig sind. Wo würden sich Ihre Kinder eintragen, wenn sie eine Werteskala von 0 bis 10 hätten – wie wichtig glauben Ihre Kinder, daß sie Ihnen sind? Meine Kinder wissen, daß sie bei mir ungefähr Punkt 9 einnehmen. Sie gehören zu dem Wichtigsten in meinem Leben neben meiner Beziehung zu Gott und zu meiner Frau. Manchmal lasse ich zu, daß ihre Bedeutung zu Punkt vier oder sieben absinkt, aber ich sorge schnell dafür, daß sie wieder zu Punkt 9 kommen, indem ich mich bewußt entscheide, ihnen mehr Aufmerksamkeit zu widmen.

Unseren Kindern zur Verfügung stehen und für sie ansprechbar sein

Neben einem bedingungslosen Sich-Einsetzen für unsere Kinder und dem Einplanen von Zeiten mit ihnen müssen wir ihnen deutlich vermitteln, daß wir sowohl in geplanten als auch ungeplanten Zeiten *für sie ansprechbar sind*. Manchmal kommt eines meiner Kinder zu mir, wenn ich gerade die Zeitung lese, etwas Besonderes im Fernsehen ansehe oder zur Tür hinauslaufe, um zu einem Treffen zu gehen, und fragt: „Vati, hast du eine Minute Zeit für mich? Ich habe da ein Problem in Mathematik." Oder Kari sagt zu Norma in der Küche: „Mutti, was soll ich bloß machen? Ich kann nichts finden, was ich anziehen könnte." Wir müssen vorsichtig sein, was wir in solchen Augenblicken sagen oder tun. Wenn wir sagen: „Nicht jetzt, ich habe zu tun", werden die Kinder beobachten, was wir gerade tun, und sich selbst damit vergleichen, um eine Antwort darauf zu bekommen, ob es wichtiger ist als sie. Wir könnten sagen: „Jetzt kann ich nicht gut mit dir reden, aber in 30 Minuten bin ich ganz Ohr." Manchmal könnten wir unsere momentane Arbeit auch zurückstellen, weil unsere Kinder einfach wichtiger sind.

Kinder verleben manchmal einen ganzen Tag, ohne uns um unsere Hilfe zu bitten. Aber wie Dr. Campbell in seinem Buch

„How to Really Love Your Teen-Ager" (Wie man seine Kinder im Teenager-Alter richtig lieben soll) erklärt, haben Teenager so etwas wie einen eingebauten „Benzinkanister", und immer wieder einmal geht ihnen das „emotionale Benzin" aus. Dann kommen sie zu uns und brauchen unsere Nähe. Sie wollen, daß wir zärtlich zu ihnen sind, ihnen zuhören, sie verstehen – sie brauchen ganz einfach unsere Zeit. Wenn wir den „emotionalen Benzinkanister" aufgefüllt haben, sagen sie meist: „Tschüß, bis später." Vielleicht haben wir noch nicht alles gesagt, was wir hätten sagen wollen, aber sie sind wieder „gefüllt". Und das ist auch gut so. Meine Kinder sollen wissen, daß sie mir sehr wertvoll sind und daß ich fast immer für sie verfügbar und ansprechbar bin, wenn sie mich brauchen.

Immer verfügbar sein bedeutet nicht, daß wir jetzt nur noch unsere Zeit damit verbringen zu warten, wann unsere Kinder uns brauchen. Es bedeutet, einmal für sich selbst auszuwerten, was uns im Leben am wichtigsten ist. Ist es unsere Handarbeit, unser Golfspielen, das Fernsehen, Fußball, unsere Arbeit? Wie viele Eltern würden sagen, daß ihre Zeitung wichtiger ist als ihre Kinder? Wahrscheinlich niemand. Trotzdem scheinen viele Eltern nicht ansprechbar zu sein, oder sie werden sogar böse, wenn ihre Kinder sie mit einem besonderen Problem ansprechen, während sie gerade in der Zeitung lesen.

Es ist ganz natürlich, daß ein Vater voll von seiner Arbeit in Anspruch genommen wird. Aber er sollte sich darüber bewußt sein, warum er arbeitet. Arbeitet er hauptsächlich, um die Bedürfnisse seiner Familie oder seine eigenen zu stillen? Wenn er arbeitet, um die Bedürfnisse seiner Familie zu stillen, dann kann es nicht „vernünftig" sein, wenn er ein „Ja" zu seinen vielen Überstunden findet, weil er seine Kinder ernähren oder sie auf die Universität schicken will. In Wirklichkeit ist es für die Kinder wichtiger, Zeit mit ihrem Vater zu verbringen, als zu wissen, daß er arbeitet, damit sie genug zum Essen haben oder eine Universität besuchen können.

Weil es ganz schnell vorkommt, daß ich mich zu viel mit meiner Arbeit beschäftige und für die Kinder die nötige Zeit wegrationalisiere, denke ich regelmäßig über meine Prioritäten nach. Ich frage meine Frau oft, ob sie der Meinung ist, daß ich genug

Zeit mit unseren Kindern verbringe. Ich stelle den Kindern dieselbe Frage und höre genau hin, was sie sagen.

Kinder erwarten nicht von ihren Eltern, daß diese alle wichtigen Aktivitäten und Hobbys aufgeben, die ihnen Spaß machen, nur damit sie immer zur Verfügung stehen. Aber sie müssen erkennen können, daß die anderen Aktivitäten ihren Eltern nicht so wertvoll sind wie sie selbst.

Liebevolle Behandlung

Ein anderer Aspekt, wie wir Kindern Liebe vermitteln, ist die Art, wie Eltern mit ihnen umgehen, wenn sie zusammen sind. *Kinder müssen liebevoll behandelt werden.* Sanftheit und Zärtlichkeit sind von entscheidender Bedeutung im Umgang mit unseren Kindern. Härte und wütende Strafpredigten zeigen Kindern nur, daß sie wenig Wert haben. Wenn Kinder zu grob angefaßt werden, fühlen sie sich oft sogar ganz wertlos. Der Satz „Wenn ich irgend jemandem etwas bedeuten würde, wären sie nicht so böse und ungerecht mir gegenüber" drückt eine häufige, unbewußte Schlußfolgerung aus, die Teenager aus dem Verhalten ihrer Eltern ziehen.

Die beruhigende Wirkung von Zärtlichkeit in einer Familie hat sehr positive Konsequenzen. Wenn ich abends lese, klettert manchmal eines meiner Kinder auf meinen Schoß. Sie wollen vielleicht reden, aber zuweilen sind sie zufrieden, wenn sie nur bei mir sein können. Es ist nicht ungewöhnlich, daß Kari mit folgenden Worten auf mich zukommt: „Vati, ich habe da ein Problem mit einer Schulfreundin. Glaubst du, daß wir heute abend darüber reden können?" Sie weiß, daß ich in solchen Situationen meist ansprechbar bin, und ich habe ihren unausgesprochenen Wunsch verstanden, daß ich ihr zuhöre, ruhig bleibe, einige Vorschläge mache und besonders versuche, ihre Vorschläge zu verstehen. Sie möchte nicht, daß ich ihr eine Predigt halte, und dies wäre auch nicht angebracht. Sie braucht sie auch nicht. Sie möchte vor allem, daß ich ganz ruhig bin, wenn ich ihr zuhöre.

Kürzlich handelte ich gegen fast jedes Prinzip, das ich in diesem Buch empfehle. Aber weil Kari weiß, daß ich sie liebe, und weil unsere Beziehung sehr eng ist, vermittelte sie mir den Eindruck, als ob meine fehlende Sensibilität und Lieblosigkeit sie wenig beeinflußt hätten. Unter dem Streß, dieses Buch fertigstellen zu wollen und anderen größeren Verpflichtungen nachzukommen, machte ich meinen Gefühlen Luft, indem ich ihr eine ernsthafte und strenge „Ansprache" hielt: „Wartest du immer bis zum letzten Tag, um ein Referat für die Schule vorzubereiten?" tobte ich. Ich machte ihr Vorwürfe wegen ihrer Freunde und wegen vieler Dinge, die mir in den Sinn kamen. Schließlich verließ ich das Haus, um mit einem guten Freund in ein Restaurant zu gehen. Nachdem wir mit dem Essen fast fertig waren, rief ich Kari an. „Kari", sagte ich sanft und mich entschuldigend: „Vati hatte unrecht, oder?" Ich denke, daß unsere Kinder oft viel reifer sind als ihre Eltern. Sie antwortete: „Vati, Mutti hat mir erklärt, unter welchem Leistungsdruck du zur Zeit stehst. Deshalb habe ich auch auf nichts geantwortet, denn ich wußte, was du zur Zeit durchmachst. Aber trotzdem bedanke ich mich bei dir dafür, daß du angerufen hast. Ich liebe dich."

Bei manchem turbulenten Familienstreit kann ich ganz vergessen, sanft und zärtlich zu sein. Ich bin besonders verwundbar, wenn ich von einer Reise nach Hause zurückkomme und körperlich wie auch seelisch völlig erschöpft bin. An einem solchen Tag erklärte Kari, sie wolle irgendeine Sportart in der Schule belegen, sie wisse aber noch nicht, welche sie sich aussuchen solle. Sie hatte dies schon mehrere Male erwähnt, aber nie irgendeinen meiner Ratschläge befolgt. Dieses Mal schlug ich vor, sie solle das Laufen in der Leichtathletik wählen. Ihre Antwort war, daß sie das überhaupt nicht interessiere. Das machte mich wütend. „Ich möchte, daß du läufst", schrie ich. „Wenn ich dir sage, daß du Läuferin werden sollst, heißt das, daß du es auch tun sollst!" Sie war von meiner Antwort schockiert. Hier stand sie, ein hübsches Mädchen mit einer guten Einstellung zum Sport, und ich war böse, weil sie nicht laufen wollte. Ich wußte, daß ich im Unrecht war, und ich konnte auch spüren, daß ich ihr Herz durch mein Verhalten verschloß. Aber ich war zu wütend, um die Dinge sofort ins reine zu bringen.

In solchen Situationen ist es oft das beste, wenn man den Konflikt eine Weile auf sich beruhen läßt. Als ich mich am späteren

Abend etwas beruhigt hatte, ging ich auf Kari zu. (Wir haben in unserer Familie eine Abmachung getroffen: Ich habe mich verpflichtet, demjenigen 10 Dollar zu geben, an dem ich meine Frustrationen ausgelassen habe.) Ich fühlte mich so schlecht wegen der Dinge, die ich zu meiner Tochter gesagt hatte, daß ich einen Scheck über 20 Dollar für sie vorbereitete. Ich klopfte an Karis Zimmertür und vernahm ihr vorsichtiges Fragen: „Wer ist da?" Auf meine Antwort, daß ich es sei, sagte sie: „Oh, Vati, ich kann heute keine neuen Vorschläge mehr von dir ertragen!"

Als ich ihr sagte, daß ich mit ihr reden müsse, schloß sie die Tür auf. Ich gab ihr den Scheck und erklärte: „Kari, ich weiß, daß ich mir damit deine Liebe nicht erkaufen kann, und ich kann damit auch nicht einfach alles wieder gut machen. Aber ich weiß, daß ich mich falsch verhalten habe, und du bist zu wertvoll, um so behandelt zu werden. Ich möchte dir deshalb dieses kleine Geschenk machen."

Ein Lächeln ging über ihr Gesicht, und sie war ein wenig verlegen. „Oh, Vati, das brauchst du doch nicht zu tun." Ich konnte erleben, daß sich ihr Herz mir gegenüber wieder öffnete, während wir miteinander sprachen. Selbst wenn ich ihr nichts gegeben, sondern mich nur lieb entschuldigt hätte, hätte sie sich mir wieder geöffnet. Als ich ihr das Geld gab – doppelt so viel, wie wir vereinbart hatten – habe ich ihr auf diese einfache Weise gezeigt, wie wertvoll sie mir ist.

Heutzutage fällt mir dieses Verhalten sehr viel leichter, weil ich es jahrelang geübt habe. Es war jedoch am Anfang gar nicht einfach. Wenn Sie es nicht gewöhnt sind, sanft und zärtlich mit Ihren Kindern umzugehen und falsches Verhalten zuzugeben, wird es Ihnen sicher schwerfallen, sich selbst zu demütigen. Aber ein solches Verhalten wird sich im Leben Ihrer Kinder vielfach bezahlt machen.

Häufiger Augenkontakt

Kinder brauchen den häufigen Augenkontakt mit den Eltern.
Es ist eine effektive Möglichkeit, jemandem Liebe zu vermitteln. Eltern können sich dadurch auch Aufschluß verschaffen,

ob ein Kind auf dem Weg ist, sein Herz zu verschließen oder nicht. Ein Kind, das sich den Eltern gegenüber verschließt, neigt dazu, nach unten zu blicken, ganz wegzuschauen oder seinen Körper von den Eltern abzuwenden. Bei kleineren Kindern hilft es, wenn wir auf die Knie gehen und ihnen direkt in die Augen sehen.

Wenn Norma von einem unserer Kinder die Wahrheit erfahren wollte, sagte sie oft: „Jetzt sieh mir genau in die Augen." Sie hat mir gesagt, daß sie meistens spürt, ob ein Kind die Wahrheit sagt oder nicht. Es fällt einem Kind schwer, seinen Eltern in die Augen zu blicken, wenn es schuldig ist. Es senkt den Blick, schaut weg, oder seine Augen beginnen zu blinzeln. Hier besteht aber auch die Möglichkeit, daß ein Kind etwas zugibt, nur weil Sie so sanft darauf bestanden haben, daß es Ihnen in die Augen sieht.

Verständnisvoll zuhören

Eine weitere Möglichkeit, unseren Kindern unsere Liebe zu zeigen, ist, *ihnen verständnisvoll zuzuhören.* Zuhören ist eine Fähigkeit, die viele Menschen für selbstverständlich halten. Ich bin jedoch der Überzeugung, daß dieses Zuhören so wichtig ist, daß ich allen Eltern empfehlen möchte, sich ein Buch darüber zu kaufen oder einen Kursus zu dem Thema „Zuhören" zu besuchen, denn es ergibt sich nicht automatisch, daß man richtig zuhört. Die meisten Erwachsenen sind so sehr mit ihren eigenen Bedürfnissen und Problemen beschäftigt, daß sie dazu neigen, den Menschen in ihrer Umgebung nicht aufmerksam zuzuhören. Wenn wir aber die Nöte anderer nicht wahrnehmen, vermitteln wir ihnen, daß wir nicht an ihnen interessiert sind.

Wir sollten uns an verschiedene wichtige Dinge erinnern, um unseren Kindern wirklich gut zuhören zu können. Ein guter Zuhörer wünscht sich *Augenkontakt* mit dem Menschen, dem er zuhört. Das bedeutet, daß wir alle anderen Aktivitäten sofort beenden – wir legen die Zeitung weg, schalten das Fernsehgerät aus – und geben dem anderen unsere ungeteilte Aufmerksamkeit.

Ein guter Zuhörer *nimmt nie an, daß er schon im voraus weiß, was der andere sagen will.* Ich reagierte zum Beispiel voreingenommen, als eines meiner Kinder mir etwas sagte. Später wurde ich mir bewußt, daß ich gar nicht verstanden hatte, was mein Kind meinte. Man kann das Herz eines Menschen am schnellsten verschließen, indem man ihm etwas vorwirft, was er gar nicht mit dem Gesagten meinte.

Ich habe gemerkt, daß es hilfreich ist, Fragen zu stellen, die klären, was der andere gesagt hat. *Ich wiederhole mit anderen Worten, was der andere sagen wollte, so wie ich es verstanden habe.* Dann frage ich mein Kind: „Ist es das, was du sagen wolltest?" Wenn sie antworten: „Na ja, Vati, das habe ich in etwa so gemeint", sage ich: „Wir haben viel Zeit. Was willst du denn genau damit sagen?"

Weiterhin zeichnet sich ein guter Zuhörer dadurch aus, daß er *nicht sofort oder übermäßig auf das Gehörte reagiert.* Eines Tages erfuhr ich, was einer von Karis Lehrern über sie in der Klasse gesagt hatte. Ich war sehr böse, daß ein Lehrer so etwas sagen konnte, und wäre beinahe sofort zu ihrer Schule gefahren. Daraufhin fing Kari an zu weinen und flehte mich an, es nicht zu tun. Als ich ihre Angst sah, beruhigte ich mich langsam und versicherte ihr, ich werde nicht ohne ihre Erlaubnis zu diesem Lehrer gehen. Diese Gewißheit gab ihr die nötige Freiheit, mir auch alles andere mitzuteilen, was dieser Lehrer gesagt hatte.

Nachdem eine Zeit vergangen war und wir beide über den Vorfall ausreichend nachgedacht hatten, bat ich Kari um ihre Erlaubnis, den Lehrer zu besuchen. Sie war nun damit einverstanden. Norma und ich sprachen mit dem Lehrer und wiederholten, was er nach den Aussagen unserer Tochter über sie gesagt hatte. Der Lehrer bekannte sein Fehlverhalten, entschuldigte sich dafür und bat darum, Kari umgehend sehen zu dürfen. Wir nahmen ihn mit nach Hause, er bat sie um Vergebung, und beide versöhnten sich. Es war für uns alle ein ganz besonderer Augenblick. Kari erzählte mir ihre Schulerlebnisse weiter ganz offen, weil ich nicht impulsiv auf die Aussagen des Lehrers reagierte, sondern Kari erst um die Erlaubnis zu einem Gespräch mit ihm gebeten hatte.

Meine Erfahrung ist, daß man am besten ein Gespräch zu Ende führt und erst später mit der Zustimmung des Kindes etwas unternimmt, nachdem beide Zeit zum Nachdenken hatten. Eine voreilige Reaktion löst bei Kindern Angst aus, auch in Zukunft Dinge offen zu erzählen, und hemmt die Kommunikationsbereitschaft.

Einmal hatte ich mich in einem Streit mit Greg über eine seiner Noten festgefahren. In meiner Frustration sagte ich, ich wolle ihm alles für immer verbieten. Kari erinnerte mich ruhig daran, daß ich mir selbst die Verpflichtung auferlegt hatte, nach einer Reise ein paar Tage zu warten, bevor ich eine die Kinder betreffende Regel verändern oder neu festsetzen würde. Sie hatte recht. Nach ein paar Tagen hatte ich alles vergessen. Geduld ist entscheidend wichtig, um Vertrauen und Offenheit zwischen Eltern und Kindern aufzubauen.

Um ein guter Zuhörer zu sein, ist es auch wichtig, daß wir das, was unsere Kinder sagen, nicht ins Lächerliche ziehen. Wir verstehen vielleicht nicht, was sie sagen wollen. Aber das Selbstwertgefühl eines Kindes wird geschmälert, und jede Kommunikation kann zerstört werden, wenn man zu kritisch ist oder sich über ein Kind lächerlich macht.

In seinem Buch „The Family That Listens" (Eine Familie, die zuhören kann) gibt Dr. H. Norman einen Überblick über weitere wichtige Gedanken zu diesem Thema:

1. Eltern sollten sich davor hüten, von ihren Kindern eine vorgefaßte Meinung zu haben. Wenn Sie glauben, daß Ihr Kind sich ständig beklagt oder weint oder brutal ist oder immer sehr zögert, bevor es etwas tut, kann dies Ihr Verständnis von dem, was Ihr Kind Ihnen sagen möchte, beeinflussen. Wenn Sie denken: „Oh, mein Kind weint ja immer gleich. Also ist es nicht wichtig, was es mir sagt", entgeht Ihnen vielleicht eine wichtige Information Ihres Kindes.

2. Menschen neigen dazu, fünf Mal so schnell zuzuhören wie ein anderer spricht. Wenn Ihr Kind hundert Worte in der Minute sagt und Sie 500 Worte in der Minute hören können, was machen Sie mit der Ihnen verbleibenden Zeit? Oft stellt sich Langeweile ein, und wir träumen vor uns hin, oder wir versuchen unseren Kindern zu helfen, ihre Gedanken zu artikulieren, anstatt uns die Zeit zu nehmen zuzuhören, was sie eigentlich sagen wollen.

3. Wir müssen mit unserem ganzen Körper zuhören, nicht nur mit unseren Ohren und Augen. Wenn wir weggehen, das Abendessen zubereiten oder die Zeitung durchblättern, sind wir nicht in der Lage, jemandem wirklich zuzuhören.

Alle diese Bereiche – *bedingungsloses Sich-Einsetzen, festgesetzte Zeiten, Verfügbarkeit, liebevolle Behandlung, häufiger Augenkontakt und verständnisvolles Zuhören* – führen dazu, daß das Selbstwertgefühl unserer Kinder gesteigert wird. Je mehr sich unsere Kinder geachtet fühlen, um so mehr fühlen sie sich auch geliebt.

Sinnvolle Zärtlichkeit

Als letzte große Möglichkeit, unseren Kindern Liebe zu zeigen, ist die *sinnvolle Zärtlichkeit* zu nennen. Es gibt viele Untersuchungen über die Bedeutung des Berührens und Umarmens von Kindern.

Einige dieser Untersuchungen besagen, daß die Haut das größte „Körperorgan" ist und daß dieses Organ ein eingebautes Bedürfnis hat, berührt zu werden. Physiologen behaupten, daß die Nervenenden der Haut tatsächlich mit bestimmten wichtigen Drüsen verbunden sind, die sich im Gehirn befinden. Diese Drüsen regulieren das Wachstum und viele andere wichtige Körperfunktionen. Man hat herausgefunden, daß das Wachstum bei Kindern, die keine Zärtlichkeit erfahren haben, auf einer bestimmten Stufe stehengeblieben ist. An der Universität Minnesota werden „Umarmungstherapiestunden" angeboten, wo Krankenschwestern und andere Mitarbeiter vernachlässigte Kinder umarmen und zärtlich berühren. Die Kinder werden dort auch gleichzeitig in der Weise positiv beeinflußt, daß man ihnen sagt, daß sie gute Fortschritte machen. Untersuchungen haben gezeigt, daß diese Kinder tatsächlich ihre gleichaltrigen Kameraden in bezug auf die Körpergröße eingeholt haben.

Außer der Tatsache, daß Zärtlichkeit das Wachstum der Kinder stimuliert und ihre körperliche Gesundheit fördert, vermittelt sie Kindern, daß sie wertvoll sind. Wenn ich meine Hand zärtlich auf die Schulter meines Kindes lege, bringe ich damit zum Ausdruck: „Du bist mir wertvoll. Ich möchte Zeit mit dir verbringen." Auf der anderen Seite vermittelt das Wegschieben von Kindern, daß wir sie ablehnen. Wenn wir uns weigern, unsere Kinder zu berühren, zeigt ihnen das, daß sie zu den „Unberührbaren", d.h. zu den „Aussätzigen" zählen. Unsere Zärtlichkeit muß in den Augen des Kindes sinnvoll sein, um effektiv zu sein.

Eine Ehefrau empfindet es z.B. als sinnvolle Zärtlichkeit, wenn ihr Mann sie liebevoll in die Arme nimmt, während er mit ihr redet. Der Ehemann kann seine Frau diesbezüglich fragen, um ein besseres Gefühl dafür zu entwickeln, ob sie seine Zärtlichkeit als sinnvoll empfindet und es mag, wie er sie berührt. Dasselbe gilt für Kinder. Wir können mit ihnen darüber sprechen, besonders wenn sie älter werden, ob wir sie zu heftig bedrängen, ob wir sie zu oft berühren oder zu selten.

Wir sollten uns jedoch bewußt machen, daß zur Zärtlichkeit immer zwei Personen gehören. Es ist nicht nur entscheidend wichtig, daß Eltern ihre Kinder berühren, sondern auch daß Kinder zu ihren Eltern zärtlich sind. Es ist wichtig, daß Kinder wissen, daß es ihren Eltern auch guttut, von ihnen umarmt zu werden. Wir sind zwar auf ihre Zärtlichkeit nicht in dem Maße angewiesen wie Kinder auf unsere. Aber sie wissen vielleicht nicht, daß wir dieselben seelischen und körperlichen Bedürfnisse haben wie sie und daß wir es sehr schätzen, wenn sie uns spontan ihre Zuneigung zeigen.

Wir setzten uns einmal in unserem regelmäßigen Familientreffen mit dem Thema Zärtlichkeit auseinander und besprachen unsere Bedürfnisse mit Greg, der fünfzehn Jahre alt war. Wir äußerten ihm gegenüber den Wunsch, daß er auf unsere Umarmungsversuche positiv reagieren möge. Er reagierte sehr überrascht, deshalb redeten wir weiter über dieses Thema. Er teilte uns mit, er sei unseren Umarmungsversuchen ausgewichen, ohne sich unserer Gefühle bewußt zu sein. Er veränderte sein Verhalten sofort und wurde empfänglicher für unsere Zärtlichkeiten, obwohl wir manchmal das Gefühl hatten, daß er unsere Wirbelsäule neu ordnen wollte.

Es gibt verschiedene Formen von Zärtlichkeit, die sich positiv auf Kinder auswirken: sie auf den Schoß zu nehmen, während wir ihnen etwas vorlesen; sie zu umarmen, wenn sie von der Schule nach Hause kommen, oder sie einfach bei der Hand zu nehmen. Wir haben als Familie unseren speziellen „Handgriff": Wir halten einander am kleinen Finger. Jedes Familienmitglied weiß, daß dies eine alte Familientradition und unser besonderer geheimer Familiengriff ist. Als Norma und ich gerade verlobt waren, begannen wir damit, uns so bei der Hand zu halten. In unserer Familie ist es ein ganz persönliches körperliches Zeichen für unsere Zuneigung. Es ist aber eine Tatsache, daß wir unsere Kinder immer weniger bei der Hand halten, wenn sie älter werden.

Eines der Probleme unserer heutigen Kultur besteht darin, daß wir Zärtlichkeit sofort mit irgendeiner Form von sexueller Annäherung verbinden, aber Zärtlichkeit zwischen Eltern und Kindern muß keinen solchen negativen Beiklang haben.

Zärtlichkeit vermittelt unseren Kindern ein echtes Selbstwertgefühl und ein Gefühl der Geborgenheit. Manchmal bleiben unsere Kinder Samstagmorgens länger im Bett liegen. Dann gehe ich zu jedem Kind ins Zimmer, lege meinen Arm auf das Kissen, und sie legen ihren Kopf auf meinen Arm. Ein anderes Mal berühre ich sie an der Schulter, wenn wir uns unterhalten.

Als Greg ungefähr sechs Jahre alt war, waren wir einmal mit dem Auto in der Nähe Chicagos unterwegs. Greg sagte mir, wie schrecklich es für ihn wäre, wenn wir einen Unfall hätten und ich dabei getötet würde. Ich schloß mich natürlich seiner Meinung an und sagte ihm, wie sehr ich ihn vermissen würde. Greg sah mich an, und mir wurde es warm ums Herz, als er sagte: „Weißt du was, Vati? Wenn du je getötet wirst, möchte ich auf der Stelle mit dir sterben. Und ich möchte, daß sie uns beide in einen Sarg legen, und ich möchte in deinem Arm liegen." So dramatisch diese Geschichte auch ist, sie macht doch deutlich, wieviel unseren Kindern unsere Zärtlichkeit bedeutet.

Mir fiel es von meinem Naturell nicht immer leicht, zu anderen zärtlich zu sein, denn in unserer Familie wurde kein offener, zärtlicher Umgang miteinander gepflegt. Ich kann mich nicht daran erinnern, daß meine Eltern sich in meiner Gegenwart berührt hätten. Aber ich erinnere mich noch gut daran, wie unwohl mir immer zumute war, wenn Verwandte zu uns zu Besuch kamen, die uns häufig und gern umarmten. Bevor wir heirateten, sagte ich zu Norma: „Erwarte bitte nicht von mir, daß ich einer dieser zärtlichen Ehemänner und Väter werde, denn das mag ich nicht." Ich mußte es im Laufe der Jahre lernen, zu anderen zärtlich zu sein und mich daran zu erfreuen.

Es ist jedoch erwiesen, daß Zärtlichkeit für Kinder sehr wertvoll ist, weil sie ihr Selbstwertgefühl fördert. Wir können damit ihren gefühlsmäßigen, seelischen und körperlichen Bedürfnissen gerecht werden. Um wirklich den vollen Gewinn aus der Zärtlichkeit zu ziehen, sollten Eltern sich bewußt entscheiden, ihre Kinder öfters am Tag auf eine Art und Weise zu berühren, die ihre Kinder selbst als positiv und sinnvoll empfinden.

Unterstützung und Liebe auszudrücken, ist von allergrößter Bedeutung in der Familie. Wichtig ist auch, daß die *innere Einstellung* der Eltern der Art, wie sie ihre Liebe zeigen, entspricht. Wir haben über Wege gesprochen, wie wir unseren Kindern unsere liebevolle Unterstützung beweisen können. Im folgenden Kapitel werden wir uns besonders dem zweiten sehr wichtigen Punkt in der Kindererziehung zuwenden, nämlich dem Festsetzen von konsequenten Grenzen und verständlichen Geboten und Verboten. Ohne diese Ausgewogenheit von Liebe und Grenzen rauben wir unseren Kindern die Ganzheit, die Gott für sie geplant hat.

4

Verträge bilden das Gegengewicht zur liebevollen Unterstützung

Eines dieser seltenen Ereignisse geschah, als unser Sohn Greg ungefähr sieben Jahre alt war. Greg rüttelte mich eines Morgens um 6.15 Uhr wach und flüsterte, um Norma nicht aufzuwecken: „Vati, würdest du bitte aufstehen und mir aus der Bibel vorlesen?" Was sollte ich da noch sagen? Dies war eine gute Gelegenheit, die nur wenige Eltern ungenutzt verstreichen lassen würden. Wir gingen auf Zehenspitzen ins Wohnzimmer, und Greg setzte sich auf meinen Schoß. Dann lasen wir in der Bibel und versuchten, die kurzen Verse beim Lesen direkt auswendig zu lernen. Wir sprachen darüber, was es heißt, sich zu freuen, zu danken und zu beten. Greg schien für alles sehr zugänglich zu sein. Wir beteten abschließend gemeinsam und dankten Gott für Gregs unordentliches Zimmer, das er heute aufräumen mußte, und für all die Arbeit, die mich an diesem Tag im Büro erwartete. Zwischenzeitlich war die ganze Familie aufgestanden. Sie waren nicht wenig überrascht, als sie uns betend sahen, setzten sich jedoch direkt zu uns, um noch kurz gemeinsam mit uns zu beten, bevor wir alle in verschiedene Richtungen für diesen Tag auseinandergingen. Ich lehnte mich in meinen Stuhl zurück und schwelgte in der Freude über „die geistliche Reife" meines Sohnes.

Ein plötzlicher Lärm oben auf der Treppe riß mich aus meinen Träumen. Greg hatte auf dem Weg in sein Zimmer Kari einen Stoß gegen die Wand versetzt. Sie stieß zurück, und in wenigen Augenblicken war der schönste Kampf im Gange. Nachdem ich die „Kampfhähne" auseinandergetrieben hatte, mußte ich mich doch sehr wundern, daß dies so schnell nach einer so wunderbaren Erfahrung möglich war.

Wir haben beobachtet, wie unsere Kinder einige solcher Phasen durchlebt haben, teils gut, teils weniger gut. Rückblickend auf mehr als 20 gemeinsame Jahre als Familie, sind Norma und ich zu der Überzeugung gelangt, daß eine hohe Wertschätzung füreinander einer der wichtigsten Bestandteile war, der uns immer wieder verbunden und alle „unsere Sünden zugedeckt" hat, die wir in den Jahren aneinander verübten. Mit anderen Worten, wir haben uns verpflichtet, einander zu lieben. Der Begriff ‚Liebe' bedeutet ja unter anderem, „einen hohen Wert beimessen oder einer anderen Person großen Respekt zollen."

Im vorangegangenen Kapitel habe ich mit Ihnen den Aspekt betrachtet, daß wir unsere Kinder wissen lassen wollen, wie wertvoll sie uns sind. Wir versuchen, ihnen diese Tatsache zu vermitteln, indem wir Zeit mit ihnen verbringen, Konflikte lösen, sie motivieren und bemüht sind, ihre Herzen uns gegenüber offenzuhalten. Wir „hören" ihnen sorgfältig mit unseren Augen „zu". Wenn die Kinder noch klein sind, begeben wir uns auf ihre Ebene herunter, indem wir uns z.B. hinknien. Wir nehmen sie in unsere Arme, berühren sie, sind zärtlich zu ihnen, reden mit ihnen. Dies alles soll ihnen unsere Wertschätzung für sie vermitteln.

Kurz nachdem wir geheiratet hatten, trafen Norma und ich eine sehr wichtige Entscheidung, die jeden Aspekt der Erziehung unserer Kinder beeinflußt hat. Wir erkannten, daß jeder von uns ein Individuum ist und dennoch gleichzeitig ein wichtiges Mitglied einer Einheit. Wir beide hatten wertvolle Fähigkeiten und Meinungen. Aber wir hatten uns in unserem Eheversprechen verpflichtet, zu einer Einheit zu werden, und deshalb faßten wir den Entschluß, uns immer um Harmonie und gleiche Zielsetzungen zu bemühen.

Unsere Entscheidung, immer die gleiche Zielrichtung anstreben zu wollen, bedeutet nicht, daß einer von uns immer Kompromisse machen oder nachgeben muß. Nein, sondern wir versuchen, *unsere Unstimmigkeiten auf solch eine Weise zu lösen, daß wir beide das Ergebnis akzeptieren können.* Diese Verpflichtung trägt maßgeblich dazu bei, daß unsere Ehe und unsere Beziehungen zu den Kindern sehr gefestigt sind. Manchmal dauert es eine Weile, bis wir zu einer übereinstimmenden Entscheidung kommen, aber weil wir einander so wertschätzen, sind wir bereit, uns auch eine Zeitlang für eine ‚Verhandlungslösung' einzusetzen. So konnten wir uns einigen, wann wir Kinder haben wollten, wie die Kinder heißen und welche Ausbildung sie bekommen sollten.

Bevor wir uns entscheiden konnten, wie wir unsere Kinder erziehen, mußten wir selbst noch unsere „Hausaufgaben" machen. Norma begann damit, mehrere Bücher über Kindererziehung zu lesen. Wir befragten Eltern, die Kinder erzogen hatten und die wir als „erfolgreiche Familien" einstuften. Norma besuchte auch einen Kurs über Kindererziehung. Wir begannen damit, das Gelernte in die Praxis umzusetzen, und beobachteten gleichzeitig, welche dieser Erziehungsmethoden positive Auswirkungen hatten, auf welche unsere Kinder nicht reagierten, bzw. welche Disharmonie in unserer Familie hervorriefen. Im Laufe der Zeit paßten wir die übernommenen Methoden immer wieder unseren speziellen Bedürfnissen an.

Wir studierten die Theorien eines einflußreichen Psychiaters. Er betonte, daß es viele Eltern versäumen, ihren Kindern grundlegende Lebensregeln zu vermitteln. Kinder brauchen Regeln für das Leben, die klar festlegen, was richtig und was falsch ist – praktische Verhaltensmaßregeln, die das tägliche Leben bestimmen können.

Vor einigen Jahren wurde eine Umfrage bei hervorragenden Linguisten, Lehrern, Pastoren, Evangelisten und Ärzten durchgeführt. Man fragte sie, was sie bewogen hat, ihren Beruf zu wählen, und warum sie aus ihrer Sicht so erfolgreich in ihrem Arbeitsbereich wurden. Jeder antwortete, er sei in einem strengen Elternhaus aufgewachsen, wo es immer klar umrissene Grenzen gegeben habe. Solche Untersuchungen ermutigten uns, in unserer Familie Regeln und Verbote aufzustellen. Wir lasen, daß Kindern ein Gefühl für Zucht und Autorität in ihrem Leben hilft, seelisch und körperlich zu reifen. Kinder bekommen auch ein Gefühl der Sicherheit, wenn sie wissen, wo ihre Grenzen liegen. Unsere Sicherheit im Leben entsteht durch Ordnung und Regelmäßigkeit. Wir fühlen uns ziemlich sicher, wenn wir eine Kreuzung überqueren und die Ampel auf grün steht, weil wir wissen, daß die Ampel für den Gegenverkehr rot ist. Überall um uns her gibt es Grenzen und Regeln. Wir vertrauen darauf, daß ein Apfel, den wir im Geschäft gekauft haben, keine lebensgefährlichen Chemikalien enthält. Wir können uns sicher fühlen, daß der Stuhl, auf dem wir sitzen, nicht unter uns zusammenbricht, daß die Wände unseres Hauses nicht einstürzen und daß unsere Autoreifen den nötigen Luftdruck haben, wenn wir sie regelmäßig kontrolliert haben usw. Diese aufgezählten Sicherheiten erwachsen daraus, weil es Regeln und Grenzen gibt, die genau festlegen, wie die verschiedensten Dinge beschaffen sein müssen. Unsicherheit tritt erst bei sich widersprechenden und inkonsequenten Regeln auf.

Im Buch ‚Between Parent and Child' (Die Beziehung zwischen Eltern und Kind) vertritt Dr. Haim Ginott ebenfalls die Auffassung, daß Kinder ein eindeutiges Gefühl für Grenzen bekommen müssen. Sie müssen wissen, was richtig und was falsch ist. Dr. Ginott stellt fest, daß Freuds Psychoanalyse eine der bedeutsamsten Philosophien war, die die Autorität der Eltern untergraben hat. Freud prägte für Generationen den Gedanken, daß „ich so bin, wie ich heute bin, weil meine Eltern mich so oder so erzogen haben." Die Eltern von heute sind unsicher, wie sie ein Kind erziehen sollen. Sie haben Angst, ihre Fehler könnten nachhaltige Folgen haben, und fühlen sich deshalb gelähmt, wenn es darum geht, den Kindern klare Grenzen zu setzen. Dr. Ginott ermutigte uns, das Offensichtliche zu untersuchen, daß es nämlich gewisse Grenzen für richtiges oder falsches Verhalten von Kindern gibt. Solche Grenzen können so einfach sein wie es im folgenden Satz zum Ausdruck kommt: „Du darfst deinen Bruder mit einem Kissen schlagen, aber nicht mit einem Hammer." Dies mag sehr einfach klingen, aber wir haben es immer wieder gelesen: *Es ist möglich, richtig und entscheidend wichtig, daß Eltern klar definieren, welches Verhalten sie bei ihren Kindern akzeptieren und welches nicht.*

Dr. Howard Hendricks, Professor an der theologischen Fakultät von Dallas und Autor des Buches „Heaven Help the Home" (Der Himmel möge der Familie helfen), sagt, daß Eltern einige klare Ziele und Prioritäten für ihre Kinder festlegen müssen. Er äußert: „Man kann nur das erreichen, was man sich zum Ziel gesetzt hat. Wenn man kein Ziel hat, wird man dies immer ‚erreichen'." Dasselbe gilt für die Festlegung von Grenzen. Wenn wir keine klar umrissenen Grenzen haben und von Woche zu Woche unsere Erziehungsprinzipien und Strafen verändern, ist dies ein Zeichen dafür, daß wir nicht wissen, was wir mit unserer Erziehung erreichen wollen.

Grenzen durch Familienverträge festsetzen

Wenn die bewußte Festlegung von Grenzen in der Kindererziehung so unerläßlich ist, wie sollten Eltern damit beginnen?

Für uns war es wichtig, eine *Grundlage* zu haben, um zu entscheiden, was richtig und was falsch ist. In unserer Familie haben wir diese Grundlage hauptsächlich in der Bibel gefunden – in ihren Aussagen über das Verhalten im alltäglichen Leben. Als unsere Kinder noch sehr klein waren, wurde uns klar, daß es sehr wichtig ist, Grenzen festzulegen, die für uns als Familie unumstößliche Maßstäbe darstellen. Wir dachten sogar über unwichtigere Dinge wie Höflichkeit und Tischmanieren nach.

Als wir damit begannen, Grenzen für unsere Familie festzulegen, bemerkten wir zweierlei: Es war wichtig, die Grenzen klar zu umreißen, aber auch wichtig, nur wenige Grenzen zu setzen. Aus unserer intensiven Beschäftigung mit diesem Thema wurden uns zwei grundlegende Prinzipien deutlich. Es sind dieselben beiden Prinzipien, die Jesus Christus als die wichtigsten Gebote verkündet hat.

Erstens sollen wir in der richtigen Beziehung zu Gott stehen. Dies beinhaltet, daß wir verstehen, was Gott über sich selbst in der Bibel lehrt sowie darüber, wie wir unsere Beziehung zu ihm gestalten können. Norma und ich stimmten überein, daß unsere Beziehung zu Gott das wichtigste Element unseres Lebens ist und daß wir hofften, daß auch unsere Kinder in eine Beziehung zu Gott treten würden.

Das zweite Prinzip ergab sich logisch aus dem ersten. Wir sollen Menschen so lieben und achten, wie wir uns selbst lieben. Gott gab Mose zehn sehr spezifische und klar definierte Gebote. Jedes dieser zehn Gebote basiert auf den zwei Geboten, die uns Jesus im Neuen Testament gab: *Gott und die Menschen lieben und achten.* Jesus sagte, daß ein Mensch automatisch alle Gebote der Bibel erfüllt, wenn er diese beiden Gebote in seinem Leben einhält. Wir legten den Grenzen in der Erziehung diese beiden Prinzipien zugrunde.

Als unsere Kinder ungefähr drei Jahre alt waren, lauteten die ersten einfachen Grenzen für sie:

1. Wir sollen Gott gehorchen, wie es in der Bibel von uns gefordert wird.

2. Wir sollen Mutter und Vater gehorchen.
3. Wir sollen zu Menschen und Dingen – zu Gottes Schöpfung – freundlich sein und liebevoll mit ihnen umgehen.

Mit der ersten Regel und Grenze wollten wir unsere Kinder lehren, daß wir als Eltern nicht die letztgültige Autorität sind. Es gibt eine höhere Autorität und Macht. Würden wir von unseren Kindern etwas verlangen, das mit der biblischen Lehre nicht übereinstimmt, würden wir nicht wollen, daß sie uns gehorchen. Wir erklärten unseren Kindern, daß wir diese biblischen Grenzen in unserem Haus anerkennen wollten, weil sie Gott zur Ehre dienen. Es waren seine Gebote und nicht unsere, und indem die Kinder uns gehorchten, gehorchten sie letztlich Gott.

Die dritte Grenze erwuchs automatisch aus den ersten beiden Grenzen – zu Menschen und Dingen freundlich sein und liebevoll mit ihnen umgehen. Wir wollten entgegenwirken, daß die Kinder einander häßliche Sachen nachriefen oder etwas taten, womit ein anderes Kind in seinem Wert herabgesetzt würde. Sie sollten auch lernen, daß ihre Brüder, Schwestern und Spielkameraden wertvoll sind, weil Gott sie erschaffen hat.

Als die Kinder im Alter von sechs oder sieben Jahren waren, haben wir diese Grenzen noch einmal überarbeitet und andere hinzugefügt. In diesem Prozeß hatten auch unsere Kinder ein Mitspracherecht, so daß sich unsere ganze Familie schließlich Jahre später auf sechs Regeln und Grenzen einigte, die noch heute Gültigkeit haben.

Unser Familienvertrag basiert auf Grenzen, die wir in der Bibel gefunden haben. Wir erinnern unsere Kinder ständig daran, daß dies Gottes Grenzen für unsere Familie sind. Daher wissen sie, daß sie letztlich Gott gehorchen, wenn sie unter diesem Vertrag leben und ihn erfüllen. Es ist Gottes Lernprozeß für sie, nicht der unsrige:

1. Die Kinder sollen lernen, den Eltern zu gehorchen.
2. Sie sollen lernen, Gegenstände nach Gebrauch wegzuräumen.
3. Sie sollen lernen, ihre täglichen Arbeiten im Haus zu verrichten, d.h. ihre Verantwortung wahrzunehmen.
4. Sie sollen lernen, sich anständig zu verhalten und Verantwortung für andere zu übernehmen.

5. Sie sollen lernen, für Gottes Schöpfung richtig zu sorgen – für Menschen, Tiere und Dinge.
6. Sie sollen lernen, sich angemessene Charaktereigenschaften und innere Qualitäten anzueignen.

Diese sechs Regeln und Grenzen beinhaltete unser letzter Entwurf eines schriftlich fixierten Familienvertrages, den jeder von uns, mit einem Datum versehen, unterzeichnete. Dieser Familienvertrag entsprach mit seinen Vertragskriterien fast irgendeinem anderen geschäftlichen Vertrag. Wir stellten fest, daß dieser schriftliche, objektive Vertrag sehr zu der Harmonie in unserer Familie beitrug. Disziplin und Strafen für die Kinder konnten viel leichter durchgesetzt werden, weil wir auf unseren Familienvertrag hinweisen konnten und die Kinder viel eher zur Mitarbeit und zur Unterordnung unter diesen Vertrag bereit waren.

> Kurz und bündig ausgedrückt: Zucht und Ordnung in unserer Familie entstand durch klar umrissene Grenzen. Diese Grenzen wurden zu unserem schriftlich fixierten Familienvertrag.

Viele von uns leben unter irgendwelchen ‚Verträgen', wobei die meisten als ungeschrieben oder nicht unterschrieben existieren. Eheversprechen und Führerscheine sind ‚Verträge'. Wenn wir zustimmen, eine bestimmte Arbeit für einen Arbeitgeber zu erledigen, ist das ein Vertrag. Es gibt sogar Verträge, die gar nicht als solche benannt werden. Beispielsweise halten Sie Ihren Garten in einem bestimmten guten Zustand. Wenn Sie mit 80 km Stundengeschwindigkeit durch eine Ortschaft rasen, müssen Sie bald davon Kenntnis nehmen, daß Sie einen Vertrag mit der Stadt haben und daß diese Zuwiderhandlung Sie eine schöne Summe kosten wird.

Die Grundlage eines Vertrages besteht darin, daß alle Parteien an den Vertragsverhandlungen teilnehmen. Alle müssen sich über jeden einzelnen Vertragspunkt und über die Folgen einer Vertragsverletzung einig werden. Dann unterzeichnet jeder den Vertrag und unterstellt sich der Autorität des Vertrages.

Unsere Kinder waren intensiv daran beteiligt, die Grenzen zu definieren. Wir fragten sie zum Beispiel in bezug auf die erste Regel, „den Eltern gehorchen lernen", was dies bedeutet. Sie antworteten, es bedeute zweierlei. Erstens, daß man sich nicht beklagt, und sie führten als Beispiel für eine Klage an: „Warum muß ich das tun? Warum kann Kari es nicht machen? Ich bin immer an der Reihe. Warum immer ich? Warum kannst du es nicht machen?"

Zweitens bedeutet gehorchen, nicht ständig zu nörgeln oder bei den Eltern „nachzubohren", z.B.: "Bitte Vati, darf ich? Darf ich? Bitte, es macht doch jeder. Vielleicht könnte ich dieses eine Mal …?" Ständiges Nörgeln wurde als Ungehorsam definiert und als eine Übertretung des Gebotes, daß Kinder ihren Eltern gehorchen sollen. Unsere Kinder halfen uns schließlich, das Wort ‚gehorchen' genauer zu umreißen. Es bedeutet: „Ja, ich werde es tun, und ich werde mich nicht beklagen."

Die zweite Regel und Grenze, die uns allen sehr am Herzen lag, betraf das In-Ordnung-Halten des Hauses. In unserem Haus herrschte die meiste Zeit ein großes Durcheinander, weil die Kinder ihre Sachen überall auf dem Boden verstreut herumliegen ließen. Abends zog sich meist eine „Straße" von Kleidern und Spielsachen vom Badezimmer zu den Kinderzimmern. Wir kamen gemeinsam zu der Überzeugung, daß es zuviel verlangt war, wenn Vati oder insbesondere Mutti hinter ihnen herlaufen mußte, um die Sachen aufzuheben. So entschieden die Kinder, jeder müsse lernen, für seine eigenen Sachen verantwortlich zu sein.

Die dritte Regel oder Grenze betraf das Thema Verantwortung. Wir sprachen über die Wichtigkeit jedes einzelnen Familienmitgliedes und die Notwendigkeit, als eine Einheit zusammenzuarbeiten. Jeder hatte seine Pflichten und Aufgaben, wie beispielsweise die Schulaufgaben, das Aufräumen des Kinderzimmers und das Füttern der Tiere. Außerdem mußte immer jemand den Müll hinaustragen. Klavierüben war die Verantwortung jedes einzelnen Kindes. Nachdem wir alle Aufgaben im Haus aufgeschrieben hatten, deren Erledigung zu einem reibungslosen Tagesablauf in unserer Familie verhelfen sollte, legten wir fest, daß der aktive Beitrag eines jeden Familienmitglieds an der regelmäßigen Erledigung der Aufgaben notwendig ist. Dies gehörte alles dazu, Verantwortung zu erlernen und unseren Teil an der gemeinsamen ‚Last' mitzutragen.

Die vierte Regel oder Grenze bezog sich darauf, gute und anständige Verhaltensweisen zu erlernen. Wir definierten genau, was das bedeuten sollte. Beispielsweise galt es bei den Mahlzeiten, das Besteck richtig zu halten, eine Serviette auf den Schoß zu legen und das Essen mit geschlossenem Mund zu kauen, es sei denn, daß jemand Klammern oder ähnliches tragen mußte. Es wurden auch bestimmte Regeln hinsichtlich der Verhaltensweisen in der Öffentlichkeit festgelegt. Man durfte in einem Geschäft oder in der Kirche nicht rennen. Man durfte nicht unter eine Kirchenbank krabbeln und einer netten alten Dame in den Knöchel beißen. *Wir lernten, daß unser Verhalten in der Gegenwart anderer Menschen widerspiegelte, wie sehr wir sie schätzen.*

Die fünfte Regel oder Grenze bezog sich darauf, gut für Gottes Schöpfung – für Menschen, Tiere und Dinge – zu sorgen. Dazu gehörte auch, gut für seinen eigenen Körper zu sorgen. Während der Schulzeit hieß das z.B., daß die Kinder je nach Alter zwischen 20 und 21 Uhr im Bett sein mußten. Das Sorgen für Gottes Schöpfung hieß auch: Die Kinder sollten nach den Mahlzeiten die Zähne putzen, regelmäßig baden, die Haare waschen und saubere und ordentliche Kleidung tragen.

Diese Grenze bedeutete auch, richtig mit anderen umzugehen, z.B. Fragen zu stellen, anstatt einen Streit zu beginnen. Es bedeutete, sich zu bemühen, andere wirklich zu verstehen, weil das wichtig ist, was sie sagen. Kinder sollen beim Spielen vorsichtig sein, niemanden mit der Absicht schlagen, ihn zu verletzen, keine Rache suchen oder jemandem einen Schimpfnamen hinterherrufen.

Nachdem wir diese ersten fünf Grenzen in einem Vertrag niedergeschrieben hatten (über die sechste Grenze werden wir später sprechen), ließen wir einen Freiraum, in dem jeder unterschreiben konnte. Die Kinder, die noch nicht alt genug waren, um selbst zu unterschreiben, kritzelten irgend etwas an diese Stelle, und ich schrieb das Datum daneben. Dieser Vertrag legte also fest, daß wir alle übereinstimmten, welche Richtung wir als Familie einschlagen wollten. Weil wir selbst die kleinsten Kinder an der Festlegung der Grenzen beteiligten, betrachteten sie diese als *ihre* Regeln und Grenzen und nicht als Verhaltens-maßregeln, die ihnen ihre Eltern vorgeschrieben hatten.

Wir gingen nie mit einer dieser Regeln oder Grenzen gleich-gültig um. Unser Wunsch als Eltern war es zu erleben, wie diese fünf einfachen Grenzen zu einem festen Bestandteil im Leben unserer Kinder wurden. Hierzu mußten wir lernen, wie wir die Kinder motivieren konnten und welche Korrektur am besten geeignet war, wenn sie ,vom Kurs abkamen'. Damit ging es aber erst richtig los: Wir probierten vieles aus, bevor wir eine Methode fanden, die uns zum Ziel führte.

Den Vertrag durchsetzen – unsere Experimente

Wir versuchten es mit Schlägen, wenn eine der Grenzen über-treten wurde. Aber es war für uns nicht sehr effektiv, den Fami-lienvertrag täglich damit durchzusetzen.

Wir versuchten den Vertrag durchzusetzen, indem Norma, die Kinder und ich die Regeln und Grenzen auswendig lernten. Ich ging davon aus, daß sie die Regeln nach dem Auswendiglernen auch automatisch befolgen würden. Aber es war nicht so einfach.

Wir versuchten es damit, ihr Taschengeld zu kürzen und ihnen ei-ne Geldstrafe aufzulegen. Hierzu hatte ich einige ,Strafzettel' vor-bereitet, wie ein Polizist sie ausgibt. Wenn die Kinder eine dieser fünf Regeln übertraten, schrieb ich einen Strafzettel aus. Die Geldstrafen beliefen sich je nach der Schwere des Vergehens auf 20 oder 30 Pfennig. Ein paar Tage konnten wir mit dieser Methode ganz gut leben, aber bald wurde sie für uns als Eltern zu einer Last. Die Liste unserer „Bestrafungsexperimente" ist sehr lang. Wir versuchten es damit, daß sie fünfzig Mal die Regel, die sie über-treten hatten, aufschreiben mußten. Darüber hinaus sollten sie niederschreiben, wie sie sich bessern wollten. Das war bis zu einem gewissen Grad erfolgreich, aber wieder dauerte es nur ein paar Wochen, bis kein Erfolg mehr zu verzeichnen war. Wir legten unseren Kindern die Strafe auf, Liegestützen zu machen und um den Häuserblock zu laufen, aber damit erreichten wir nur, daß sie abnahmen und weiter nichts.

Wir bestraften die Kinder, indem sie kein Abendessen beka-men. Die Kinder empfanden diese Strafe als hilfreich, weil sie ihnen bewußt machte, wie wichtig die Regeln und Grenzen waren. Allerdings war unser erster Versuch, die Kinder auf diese Weise zu bestrafen, auch gleichzeitig der letzte. Greg saß ungefähr einen halben Meter vom Eßtisch entfernt, und wir erlebten seinen Heißhunger mit, während wir aßen. Irgendwann zwischendurch sagte Norma: „Diese Strafe ist für mich härter als für Greg." Zu Gregs größter Freude baten wir ihn wieder an den Tisch, damit er mit uns essen sollte.

Wir straften die Kinder damit, daß sie nicht mehr sprechen, nicht spielen durften und in ihrem Zimmer bleiben mußten. Wir schalteten die Klimaanlage in ihren Zimmern aus. Das Zelten wurde gestrichen, keine Snacks mehr gestattet, zusätzliches Klavierspielen wurde verordnet und vieles andere. Mir ist jetzt zum Lachen zumute, wo ich darüber schreibe. Aber ich komme aus einer Familie, in der es keine Strafen gab, und es wird über diesen Erziehungsaspekt sehr wenig geschrieben. Deshalb mußten wir einige Experimente machen.

Leider trugen diese Experimente mit unseren Kindern nicht wesentlich dazu bei, daß sie sich innerhalb dieser fünf Grenzen bewegten. Außerdem waren die Bestrafungsmethoden für uns als Eltern sehr schwierig. Manchmal war man zeitlich vollends damit beschäftigt, alle diese kleinen Regeln und Vorschriften durchzusetzen.

Während unserer Suche nach einer guten Methode, um unsere Regeln und Grenzen durchzusetzen, machten wir die Bekanntschaft eines hervorragenden Kinderarztes und seiner Frau, Dr. Charles und Dorothy Shellenberger aus Texas. Sie erzählten uns davon, wie sie auf sehr praktische Weise in ihrer Familie Regeln und Grenzen durchgesetzt hatten. Diese Methode war nicht nur sehr wirksam, sondern sie fehlte auch gänzlich in der Erziehung unserer Kinder.

Eine praktische Möglichkeit, Familienverträge durchzusetzen

Einen Familienvertrag aufzusetzen, ist eine sehr wirksame Methode, um eine Ausgewogenheit zwischen konsequenter Liebe und unumstößlichen Grenzen herzustellen. Amerikanische Ärzte stellten fest, daß eine Familie ihre Grenzen und Regeln exakt formulieren muß, wenn sie einen Familienvertrag schriftlich fixieren will. Der Unterzeichnende eines Familienvertrages möchte den Inhalt des Vertrages kennen und verstehen, bevor er bereit ist, ihn zu unterschreiben. Es ergibt sich also die Frage, wie dieser Vertrag täglich durchgesetzt werden kann.

Zur Klärung dieser Frage half uns Dr. Shellenberger sehr. Er lehrte uns, daß es beim Erstellen eines solchen Familienvertrages drei Stufen oder Phasen gibt:

1. Klar umrissene Grenzen festsetzen und einen Vertrag schriftlich festhalten.
2. Das praktische Ausleben dieser Grenzen regelmäßig überprüfen.
3. Konsequent einschreiten, wenn sich gegen diese Grenzen Widerstand erhebt. Als Strafe gehen den Kindern Privilegien verloren.

Der dritte Punkt war das fehlende Element in unserer Familie. Wir hatten Grenzen festgesetzt und einen Vertrag schriftlich festgelegt, aber wir hatten die Folgen einer Vertragsverletzung nicht in einer praktikablen und durchführbaren Form in den Vertrag mit aufgenommen. Deshalb setzten wir uns als Familie wieder zusammen und überarbeiteten den Vertrag noch einmal. Obwohl er mehrere Male abgeändert wurde, ist der Inhalt doch grundsätzlich seit 1977 derselbe geblieben.

Zuerst handelten wir einen Familienvertrag aus, der wie folgt schriftlich festgesetzt wurde:

Tafel Nr. 1
Familiengrenzen

1. Lernen, den Eltern zu gehorchen.
   Die Antwort auf eine Bitte der Eltern sollte sofort lauten: „Ja, Mutti/Vati", und die Bitte sollte sofort erfüllt werden.
   – Man darf sich nicht beklagen: „Ich möchte es nicht machen." „Muß ich wirklich?" „Kann das kein anderer machen?" „Das ist unfair."

- Man darf nicht nörgeln oder betteln: „Oh, bitte, bitte, können wir es tun?" „Darf ich gehen, Mutti? Darf ich gehen, Mutti? Darf ich gehen, Mutti?"
2. Lernen, Dinge nach Gebrauch aufzuräumen.
   - Spielsachen aufräumen;
   - Kleidung in den Wäschekorb legen oder in den Schrank hängen;
   - Handtücher auf den Halter hängen;
   - Für alles einen Platz haben und alles an seinem Platz haben.
3. Lernen, unsere Pflichten im Haus zu verrichten.
   - Schlafzimmer aufräumen, bevor man in die Schule geht;
   - Gebrauchtes Geschirr nach dem Essen in das Spülbecken stellen;
   - Nach der Schule: Hausaufgaben erledigen und Klavier üben vor dem Spielen; dienstags und freitags den Müll hinaustragen; die Katzen füttern; Mutti die Zeitung bringen;
   - Besondere Pflichten erledigen, wenn Mutti oder Vati Hilfe brauchen.
4. Gute Manieren und Verhaltensweisen erlernen.
   - Mahlzeiten: Zu Tisch gehen, Hände falten, nicht während des Tischgebets sprechen. Das Essen mit geschlossenem Mund kauen. Bei Tisch höflich fragen: „Kari, bitte reiche mir . . ."
   - Ein Gespräch bei Tisch nicht unterbrechen, sondern auf eine Gesprächspause warten und dann sagen: „Vati, entschuldige bitte, könnte ich . . ."
   - Wenn wir eine andere Meinung als eine andere Person vertreten, sollten wir dies nicht sagen, sondern dadurch etwas lernen wollen und fragen: „Was hast du noch einmal gesagt?" oder „Ich dachte, du hättest gemeint . . ."
5. Lernen, für Gottes Schöpfung, für Menschen und Sachen gut zu sorgen.
   (für sich selbst):
   - 20.30 Uhr: Baden, wenn nötig; Zähne putzen; Schulranzen an die Eingangstür stellen; eine Geschichte lesen oder eine Schallplatte anhören;

(für andere):
- Fragen stellen, statt sich zu streiten;
- Nicht zu wild spielen und nicht das ganze Haus in Unordnung bringen;
- Für unsere „Feinde" beten und sie nicht schlagen;
- Freundlich und sensibel sein und andere nicht beschimpfen (Liebe und Freundlichkeit sind Gaben Gottes; er verändert unser Herz).

(für Sachen):
- Das Haus und die Möbel nicht beschädigen: nicht auf Stühlen, Betten etc. springen und spielen; keine Bälle im Haus oder gegen das Haus werfen; auf keine kleinen Bäume hinaufklettern.

Zweitens trafen wir als Familie eine Entscheidung, welche Privilegien jedes Familienmitglied verlieren sollte, wenn eine der Regeln übertreten wurde. Die Kinder hatten eine Vielzahl von Ideen: keine Spielzeuge mehr, kein Fernsehen, kein Kino, kein Besuch im Restaurant, keine Snacks zwischendurch, keine Verabredungen, kein Abendessen für einen Monat etc. Einige dieser verlorenen Privilegien fielen viel härter aus, als wir sie uns als Eltern ausgedacht hätten. Nachdem wir eine Liste von 30 - 40 verlorenen Privilegien zusammengestellt hatten, lasen wir diese Liste noch einmal durch und stimmten überein, daß „das Außer-Kraft-Treten" dieser Privilegien hinsichtlich jeder der fünf Regeln nur für 24 Stunden gelten sollte.

Tafel Nr. 2
Unsere Familiengrenzen

Pflichten	Verlust der Privilegien für 24 Stunden
1. *Sich fügen:* Mutter und Vater gehorchen – sich nicht beklagen, nicht widersprechen oder nörgeln;	Sämtliches Spielzeug;

2. *Aufräumen:* Zimmer jeden
   Morgen aufräumen; Spielzeuge
   oder andere Sachen nach dem
   Benutzen aufräumen;

   Fernsehen;

3. *Pflichten im Haus:* Gras einmal
   in der Woche mähen; Abfall jeden
   Abend hinausbringen; Klavierspielen bis 17.30 Uhr;

   ein Snack nach der
   Schule;

4. *Höfliches Verhalten:* Bei den
   Mahlzeiten, in der Kirche und
   bei Ausflügen;

   Mit der Familie das
   nächste Mal in ein
   Restaurant gehen;

5. *Gut für sich und andere sorgen:*
   Rechtzeitig zu Bett gehen; Zähne
   putzen; freundlich sein zu
   Menschen und verantwortlicher
   Umgang mit Dingen (Gottes
   Schöpfung); sich gegenseitig nicht
   necken, schlagen oder streiten.

   Treffen mit Freunden.

Unterschriften: _____   Datum: _____
                _____   _____
                _____   _____
                _____   _____

Sie können aus Tafel Nr. 2 ersehen, daß jedes unserer Kinder 24 Stunden lang keine Spielzeuge mehr benutzen oder fernsehen durfte oder ähnliches, wenn es eine oder mehrere Grenzen miß-achtet hatte.

Wir setzten uns jeden Abend etwa für 10 oder 15 Minuten nach dem Abendessen zusammen, um auszuwerten, wie jeder in diesen fünf Bereichen zurechtgekommen war. Tafel Nr. 3 hängten wir in der Nähe des Küchentisches auf. Sie war mit Pla-stik überzogen, damit wir mit einem Filzstift etwas eintragen und es jeden Abend wieder auswischen konnten. Wir nutzten diese gemeinsame Zeit am Abend auch, um unsere Kinder für ihre Pflichtverletzungen zu strafen. Nur in Ausnahmefällen, bei schlimmeren Vergehen, bestraften wir unsere Kinder sofort in der festgelegten Weise.

Tafel Nr. 3

Aufgaben	Kari	Greg	Mike	Verlorenes Privileg
1. Sich fügen und gehorsam sein	☐	☐	☐	Spielsachen
2. Aufräumen	☐	☐	☐	Fernsehen
3. Aufgaben im Haus	☐	☐	☐	Snack
4. Höflich sein	☐	☐	☐	Restaurant
5. Gut sorgen für sich und andere	☐	☐	☐	Freunde

Meine Aufgaben erfüllen ist eine täglich zu treffende Entscheidung.

Diese Tafel machte es uns ganz leicht, unseren Vertrag zu erfüllen. Jeden Abend, wenn wir uns nach dem Abendessen zusammensetzten, gingen wir einfach die einzelnen Punkte auf der Tafel durch. Wenn Greg z.B. seine Aufgaben, die er im Haus zu erfüllen hatte, nicht verantwortlich übernommen hatte, haben wir diesen Punkt angekreuzt, und ihm wurde am folgenden Tag der Snack nach der Schule gestrichen. Er konnte diese Zeit dann nutzen, um seinen Pflichten nachzukommen.

Nicht etwas erwarten, sondern es überprüfen

Drei Jahre lang setzten wir uns jeden Abend nach dem Abendessen zusammen und legten dieser gemeinsamen Zeit ein altes amerikanisches Sprichwort zugrunde: „Menschen machen nicht das, was man erwartet, sondern nur das, was man überprüft." Wir überprüften und bewerteten täglich das Verhalten unserer Kinder. Nach Ablauf der drei Jahre waren die Regeln und Grenzen bei unseren Kindern zu einem festen Bestandteil ihres Verhaltens geworden, so daß wir uns nicht mehr täglich zusammensetzen mußten. Trotzdem bleibt dieser Vertrag immer noch als das ‚Grundgesetz' unserer Familie bestehen. Der Vertrag darf abgeändert werden, aber nur unter der Voraussetzung, daß sich alle fünf Familienmitglieder über die Abänderung einig werden.

Als unsere Kinder in ihre Teenjahre kamen, legten wir spezifische Bereiche gesondert vertraglich fest, wie z.B. Verabredungen mit Freunden und das Autofahren.

Dies führt uns zu unserer sechsten und letzten Regel oder Grenze – die charakterliche Entwicklung. Wir fügten diese Grenze hinzu, als sich unsere Kinder des anderen Geschlechts bewußter wurden. Als Eltern kamen wir überein, daß wir kein Alter festsetzen wollten, ab wann unsere Kinder mit Freunden anderen Geschlechts ausgehen dürften. Statt dessen wollten wir einen bestimmten Reifegrad in ihrem Charakter voraussetzen. Um dies klarer zu definieren, suchten wir wieder in der Bibel nach Maßstäben. Diese Maßstäbe für charakterliche Reife fanden wir in der Frucht des Geistes (Galater 5,22), in den acht Seligpreisungen (Matthäus 5,3–10) und in der Gesinnung Jesu

Christi, wie sie in Philipper 2,5–8 beschrieben wird. Wir werden jetzt einige der wichtigsten Bereiche anführen, die wir mit unseren Kindern diskutiert haben.

Der erste wichtige Bereich hatte damit zu tun, daß sie fähig sind, dem Druck ihrer Freunde zu widerstehen und die eigenen Wertmaßstäbe nicht über Bord zu werfen. Norma unterstrich dies und erzählte eine Begebenheit von einer ihrer ersten Verabredungen mit einem Freund, als sie das Gymnasium besuchte. Sie und ihre Freundin hatten sich mit zwei befreundeten Jungen verabredet, um gemeinsam auszugehen. Sie waren sich einig gewesen, daß beide bei dieser ersten Verabredung den Jungen keinerlei körperlichen Kontakt erlauben wollten. Norma erzählte weiter, sie habe plötzlich aufgeblickt und beobachtet, daß ihre Freundin in den Armen ihres eben kennengelernten Freundes lag. Das setzte sie unter Druck. Ihr Freund begann auch, sie zu bedrängen, aber sie sagte nein! Als ihr Freund darauf verständnislos und aufgebracht reagierte, sagte Norma zu ihm, er solle sie entweder nach Hause bringen, oder sie würde laufen. Sie mußte in dieser Situation alle ihre Kräfte aufbringen.

Es erfordert eine Menge Mut von einem Teenager, damit er in solchen Situationen eine feste Haltung zeigen kann. Aber diese Art von Charakterstärke setzten wir bei unseren Kindern als notwendigen Reifegrad voraus, um sich mit einem Freund bzw. einer Freundin zu verabreden und eine Beziehung anzufangen.

Eine andere für uns wichtige Charaktereigenschaft ist das, was die Bibel „Reinheit des Herzens" nennt. Das bedeutet, daß sie ganz klar erkennen, was im Leben das Wichtigste ist. Wir wollten unseren Kindern verständlich machen, daß eine gefestigte Beziehung zu Gott entscheidend wichtig ist, wenn man gute Beziehungen zu anderen Menschen aufbauen möchte.

Die Bibel vermittelt uns einen bestimmten Lebensstil, der zu einem erfüllten und fröhlichen Leben führt. Ihre Grenzen und Verbote sind nicht dazu gedacht, uns die Freude am Leben zu nehmen; im Gegenteil, sie will uns von bestimmten Aktivitäten fernhalten, die uns Freude und Frieden nehmen können. Zum Beispiel nennt uns die Bibel mehrere Folgen, die der voreheliche Geschlechtsverkehr hat. Wir haben unsere Kinder gelehrt, daß vor- und außereheliche sexuelle Aktivitäten (vom

Petting bis zum Geschlechtsverkehr) verschiedene negative Konsequenzen haben. Als Familie haben wir sowohl in christlichen wie auch weltlichen Untersuchungen in bezug zu diesem Thema mindestens zwanzig verschiedene Konsequenzen des vorehelichen Geschlechtsverkehrs gefunden. Nachfolgend auszugsweise einige davon:

- Vorehelicher Geschlechtsverkehr verstärkt unsere Sehnsucht nach immer intensiverer und immer häufigerer sexueller Befriedigung.
- Er fördert unser egoistisches Denken und Verhalten. Die Bibel drückt es so aus: Wir bekommen ein verhärtetes oder abgestumpftes Herz. Wir werden weniger sensibel für die Bedürfnisse der Menschen um uns her, weil wir mehr Zeit darauf verwenden, nach Wegen zu suchen, wie unsere eigenen sexuellen Bedürfnisse gestillt werden können. Wir neigen dazu, das Leben als ein Mittel zu verstehen, unsere eigenen Sinne zu stimulieren und zu befriedigen, anstatt die Menschen um uns zu lieben.
- Ein unsittlicher Lebenswandel vermindert auch unseren Glauben an Gott, denn je mehr wir Gottes Grenzen verletzen, desto eher macht sich bei uns der Gedanke breit, daß es Gott nicht gibt oder daß seine Gebote keine Bedeutung für uns haben. Dies kann dazu führen, daß wir den in Frage stellen, der diese Grenzen geschaffen hat. Ich habe festgestellt, daß Menschen, die einen unsittlichen Lebenswandel führen, häufiger Zweifel an der Existenz Gottes haben, und daß diese Zweifel schwerwiegender sind als bei anderen Menschen.
- Sexuelle „Freiheit" und Freizügigkeit kann in Abhängigkeit führen – wir werden abhängig von unseren körperlichen Sinnen und von unserer eigenen Unbeherrschtheit. Eine amerikanische Zigarettenfirma wirbt mit folgendem Slogan: „Rauchen Sie diese Zigarette. Das befriedigt Sie." Hier wird das Wort ‚befriedigen' auf geschickte Art verdreht. Haben Sie je einen Raucher gekannt, der nur eine Zigarette rauchte und es damit bewenden ließ? Nein, er muß immer wieder eine neue Zigarette anzünden. Dasselbe gilt auch für sexuelle Unmoral.

In unserer Welt laufen so viele Lügen um. Man gaukelt uns vor, daß wir heute eine sexuelle „Freiheit" erleben. Dieses Wort ‚Freiheit' beinhaltet stillschweigend, daß wir vor und in der Ehe mit verschiedenen Partnern sexuelle Kontakte pflegen dürfen. Beachten Sie doch nur die Unlogik des folgenden Satzes: „Wir sind frei, um miteinander zu schlafen." Geschlechtsverkehr zu haben, bedeutet ein großes sexuelles Engagement. Und je mehr wir uns daran beteiligen, desto mehr verlieren wir unsere Freiheit, unserer Wünsche Herr zu werden, und je mehr werden wir von unserer Sinnlichkeit bestimmt. Es ist wichtig, daß unsere Kinder diese Folgen eines unmoralischen Verhaltens verstehen lernen. Obwohl ihre sexuellen Bedürfnisse und Triebe normal ausgeprägt sind, müssen sie lernen, nein zu sagen, um langfristig davon zu profitieren und um Erfüllung in dauerhaften und liebevollen Beziehungen erleben zu können.

Vertrag über das Ausgehen mit Freunden des anderen Geschlechts

Der erste Teil dieses Vertrages behandelt den Charakter eines Kindes. Im zweiten Teil geht es um die praktischen Gesichtspunkte, die das Ausgehen mit Freunden betreffen. Hier seien noch ein paar zusätzliche Bestandteile dieses Vertrags angeführt.

Als unsere Kinder erstmals Beziehungen zum anderen Geschlecht aufnahmen, haben wir jede Situation für sich alleine bewertet. Wir traten jedoch vor allem für gut organisierte schulische Aktivitäten und Veranstaltungen ein, an denen auch Aufsichtspersonen teilnahmen. Außerdem mußte jedes Familienmitglied den möglichen Begleiter bzw. angehenden Freund oder Freundin akzeptieren. Damit sollte einer möglicherweise schädlichen Beziehung wirksam vorgebeugt werden. Das Wesen einer engverbundenen Familie liegt nämlich auch darin begründet, daß jeder um das Wohlergehen des anderen besorgt ist.

Wir setzen auch nach Absprache ein zeitliches Limit für das Ausgehen mit Freunden fest. Je mehr Vertrauen man einem Kind entgegenbringen kann, je mehr Selbstbeherrschung und Reinheit des Herzens es hat, desto mehr Freiheiten werden ihm gewährt. Ebenso werden Freiheiten für eine gewisse Zeit, auf die man sich vorher geeinigt hat, eingeschränkt, wenn gewisse charakterliche Qualitäten gefährdet sind. Wenn ein Kind zum Beispiel etwas verschwiegen oder gelogen hat – das bezieht sich nicht nur auf eine Verabredung mit Freunden –, kann ihm eventuell das Ausgehen mit Freunden für ca. eine Woche entzogen werden. Das hängt von der Schwere des Vergehens ab.

Wir haben uns alle auf diesen einfachen Vertrag in bezug auf das Ausgehen mit Freunden des anderen Geschlechts geeinigt. Und mit dem Heranwachsen der Kinder werden wir den Vertrag abändern, damit er der neuen Situation gerecht wird. Wir möchten auch andere Familien ermutigen, dies zu tun. Sie sollten in den Bereichen Erziehung und Korrektur bzw. Strafen immer ‚up to date‘ sein.

Vertrag über das Autofahren

Autofahren ist ein weiteres Vorrecht, das man erst mit einem bestimmten Alter und einer gewissen Charakterentwicklung erhält. Als unsere Kinder noch nicht alt genug waren, um Auto fahren zu können, haben wir uns als Familie auf folgenden Vertrag geeinigt:

1. Wenn ich meinen Führerschein bekommen habe, darf ich in Begleitung meiner Eltern oder eines Elternteils innerhalb unserer Stadt fahren. Ich darf den Wagen auf dem Weg in den Urlaub längere Zeit fahren, damit ich auch lerne, meinen Fahrstil den verschiedensten Situationen anzupassen.

2. Bevor ich das Auto benutze, bitte ich entweder Mutti oder Vati um Fahrerlaubnis und teile ihnen mit, warum ich das Auto brauche.

3. Ich muß zuerst meine Hausaufgaben, mein Klavierüben oder andere Pflichten erledigt haben, bevor ich alleine irgendwohin fahren darf.

4. Ich werde das Radio im ersten Monat nach der bestandenen Fahrprüfung nicht einschalten, wenn ich mit dem Wagen unterwegs bin.

5. Während des Schuljahres habe ich die Erlaubnis, abends mit dem Auto zu bestimmten Veranstaltungen zu fahren, aber

ich darf niemanden ohne ausdrückliche Erlaubnis nach Hause fahren.

6. Ohne die ausdrückliche Erlaubnis meiner Eltern werde ich niemandem unter keinerlei Umständen gestatten, mit dem Auto zu fahren.

7. Ich werde nicht mehr als vier oder fünf Leute mitnehmen.

8. Ich werde unter keinen Umständen Anhalter mitnehmen, und ich werde besondere Vorsicht walten lassen, Hilfe anzunehmen, wenn ich mit dem Auto irgendwelche Schwierigkeiten habe.

9. Wenn ich einen Strafzettel bekomme, wird mir mein Führerschein für einen Monat von den Eltern abgenommen. Bei dem zweiten Verkehrsverstoß wird er mir für drei Monate entzogen.

Wir brauchten mehrere Wochen, um diesen einfachen Vertrag auszuarbeiten, und unsere Kinder waren erst nach einigen Abänderungen bereit, ihn zu unterzeichnen. Wir sind auch in der Zukunft für neue Vorschläge für diesen Vertrag offen, aber Änderungen müssen wiederum von uns allen akzeptiert werden.

Richtlinien für die Disziplinierung

Unser letzter Vertrag behandelt den wichtigen Bereich der Disziplinierung. Die meisten Übertretungen unserer Verbote werden mit einem Verlust von Privilegien bestraft. Aber es ist ein fester Bestandteil unseres schriftlich festgelegten Vertrages, daß ein Kind Schläge bekommt, wenn es ganz offensichtlich Widerstand leistet oder aufsässig ist, besonders wenn es sich gegen einen Elternteil sehr trotzig und herausfordernd verhält. Schläge können sehr effektiv als wirksame Vorbeugungsmaßnahme gegen Aufsässigkeit sein. Aber das Hauptproblem bei körperlicher Züchtigung ist, wie Dr. Armand Nicholi es ausdrückt, daß sich darin die Frustration, die Schuld oder der Zorn der Eltern entladen kann. Daher ‚nützt‘ sie den Eltern oft mehr als dem Kind. Dr. Nicholi rät Eltern, sich zu fragen, wem die Schläge mehr dienen sollen. Natürlich kann man zu dem Mittel der körperlichen Züchtigung greifen, wenn eine Grenze verletzt wurde, aber man muß mit dieser Strafe sehr vorsichtig umgehen.

Die Erfahrung hat mir gezeigt, daß Schläge nicht immer wirksam sind. Die beste Wirkung zeigen sie bei Vorschulkindern, aber sie sollten nicht bei Kindern angewendet werden, die älter als 13 Jahre sind. Wenn es notwendig ist, einem Kind Schläge zu geben, sollte dies sehr ernst genommen werden, damit man das Herz des Kindes nicht verschließt. Bei älteren Kindern ist ein Verlust von Privilegien meist effektiver.

Bevor wir unsere Verträge schriftlich fixierten, entdeckten wir, daß in unserer Familie die meisten Schläge kurz vor den Mahlzeiten ausgeteilt werden mußten. Dies ist oft die schwierigste Zeit, weil jeder hungrig und müde ist. Unser Blutzuckerspiegel sinkt drastisch. Die Kinder sind unruhig, ungeduldig, und der Duft vom Essen erhöht noch die Spannung. Vieles kann in dieser Zeit geschehen, damit Kinder ungehorsam werden. Wir haben festgestellt, daß ich diese Spannung ein wenig entladen konnte, indem ich einfach mehr Zeit mit den Kindern verbrachte, wenn ich von der Arbeit nach Hause kam.

Wir erlauben unseren Kindern, „das Gericht anzurufen", wenn sie glauben, ungerechtfertigt bestraft worden zu sein. Das erste Mal machten wir davon Gebrauch, als Greg in meinem Beisein einen Teller mit Pommes frites und einem Butterbrot schwungvoll über den Küchentisch schob. Der Teller stieß Kari an die Brust, und das Brot und die Pommes frites flogen auf ihren Schoß und auf den Boden. Ich faßte Greg unverzüglich am Arm und sagte ihm: „Jetzt bekommst du Schläge", woraufhin er mir klarzumachen versuchte, daß er nicht schuld an dem Vorfall sei. Auch Kari versuchte einzugreifen, aber ich schenkte beiden keine Beachtung.

Erst nachdem ich Greg bestraft hatte, kamen die Fakten ans Licht. Ich hatte doch alles mit eigenen Augen gesehen. Aber ich wußte nicht, daß Norma Kari gebeten hatte, Greg ein Butterbrot zu machen, und daß Greg daraufhin gesagt hatte, er habe keinen Hunger. Kari hatte geantwortet: „Mutter hat mich gebeten, dir dieses Brot zu richten; deshalb wirst du es auch bekommen, ob es dir nun paßt oder nicht." Er schob es mit Gewalt zurück. Das Brot wanderte zwischen den beiden mindestens drei Mal hin und her. Ich kam in die Küche, als Greg es zum letzten Mal völlig frustriert zu Kari hinschob.

Hätte ich mir die Zeit genommen, um alle Fakten herauszufinden, hätte ich ihm keine Schläge erteilt. Wir führten dieses „Familien-Gericht" ein, um ähnliche Fehler in Zukunft zu vermeiden. Wenn „der Angeklagte" uns seinen Fall darlegen und erklären möchte, warum er die Strafe seiner Meinung nach nicht verdient hat, kann er die ganze Familie zusammenrufen. Er kann sogar einen Zeugen mitbringen, der als sein Anwalt eingesetzt wird. Wenn alle Tatsachen vorgebracht worden sind, bitten wir jedes Familienmitglied um seinen Urteilsspruch. Plädieren alle für „schuldig", fragen wir den Angeklagten, was er dazu vorzubringen hat. Jedes Mal, wenn wir so abgestimmt haben, hat der Schuldige diesem Urteil zugestimmt und sich zu seiner Schuld bekannt.

Es gibt zehn Punkte, die wir berücksichtigen müssen, wenn wir Schläge als Strafe benutzen:

1. *Warnen Sie eindeutig, bevor Sie Schläge austeilen.* Kinder müssen verstehen, warum sie auf diese Weise gestraft werden. Wir haben unseren Kindern gesagt, daß sie offensichtlich gegen klar festgesetzte Regeln rebellieren müssen, um Schläge zu verdienen. Beispiele dafür könnten sein, daß sie sich gegenseitig verletzen oder daß sie trotz eines Verbots von seiten eines Elternteils etwas Bestimmtes absichtlich tun.

2. *Sorgen Sie dafür, daß das ungehorsame Kind sich für seinen Ungehorsam verantwortlich erklärt.* Wenn ein Kind trotz der Warnungen und Belehrungen ungehorsam ist, muß es für diesen Ungehorsam die Verantwortung übernehmen. Wir fragen unsere Kinder: „Was habt ihr getan?", damit sie selbst einsehen, daß sie unsere Familienregeln übertreten haben. Manchmal dauert es eine Weile, bis ein Kind seine Schuld eingesteht. Es wird eine andere Person beschuldigen oder sein Verhalten vernünftig zu erklären versuchen. Wir müssen mit unserer Frage hartnäckig sein, bis unser Kind seine Schuld beim Namen nennt.

3. *Vermeiden Sie äußere Störungen, und achten Sie darauf, Ihr Kind nicht in eine peinliche Situation zu bringen.* Wenn Sie ein Kind auf irgendeine Weise bestrafen, sollten Sie darauf achten,

daß Sie mit ihm alleine sind. Das gilt besonders, wenn das Kind in der Öffentlichkeit ungehorsam war. Ziehen Eltern ihr Kind wegen eines Vergehens im Beisein seiner Freunde zur Verantwortung und versuchen sie, es in ihrer Gegenwart zu bestrafen, wird das Kind sich mehr um seinen Ruf sorgen als darum, was es Falsches getan hat. Eine solche Korrektur entmutigt das Kind und kann ein verschlossenes Herz zur Folge haben. Es könnte ein Kind auch dazu ermutigen, sich Wege auszudenken, die sein Verhalten vor denen rechtfertigen, die mit angesehen haben, wie es bestraft wurde, damit sie seine Partei ergreifen.

4. *Vermitteln Sie Ihrem Kind, daß Sie darüber traurig sind, was es getan hat.* Dies ist wichtig, weil Eltern und Kind dann darüber nachdenken, was geschehen ist. Es gibt ihnen auch eine Chance, sich wieder etwas zu beruhigen. Das eigentliche Ziel dieses gemeinsamen Nachdenkens ist, das Kind zu einer wahren Reue zu führen und an den Punkt, wo ihm selbst eine Strafe für sein Vergehen als gerechtfertigt erscheint.

5. *Verbinden Sie Ihr Strafen damit, daß Sie Ihrem Kind auch Ihre Liebe zeigen.* Es ist wichtig, unseren Kindern das Sprichwort „Das schmerzt mich mehr, als es dich schmerzt" zu erklären. Meine Kinder haben oft angezweifelt, ob ich dies ernst meine, aber es ist die Wahrheit.

Einmal, als Kari Schläge bekommen sollte, versuchte sie, der Strafe zu entgehen. Sie versprach, denselben Fehler nie mehr zu begehen, und flehte mich an, ihr keine Schläge zu erteilen. Ich faßte den Entschluß, die Gelegenheit beim Schopf zu ergreifen, um ihr ein Beispiel echter Liebe und Aufopferungsbereitschaft zu geben.

Ich sagte ihr, daß Jesus Christus die Strafe für unsere Sünde bezahlt hat, als er am Kreuz starb. Dann erklärte ich ihr, ich wolle ihr an einem kleinen Beispiel deutlich machen, was Jesus für uns getan hat. Ich bat sie, mir die Schläge zu geben. Ich sagte ihr: „Einer muß heute Schläge bekommen. Aber ich werde deine Strafe auf mich nehmen, weil ich dich liebe und weil du wissen sollst, daß ich dich nicht bestrafe, um dir weh zu tun. Ich tue es, weil ich glaube, daß du falsch gehandelt hast, und weil wir verhindern wollen, daß du dasselbe noch einmal tust."

Kari hörte auf zu weinen, ihre Augen leuchteten, und sie sah mich an, als ob sie sagen wollte: „Meinst du das wirklich ernst?"

Ich bejahte es, gab ihr den Stock und legte mich so auf das Bett, wie ich es von ihr verlangt hatte. Aber sie brachte es nicht fertig, es zu tun. Ich sagte ihr, das sei in Ordnung, aber wenn sie mich schon nicht schlagen wollte, dann müßte ich es tun. Darauf antwortete sie, ohne zu zögern, sie glaube, sie würde es schon schaffen. Nach einem sichtlichen langen Kampf versetzte sie mir einen schmerzhaften Hieb. Ich stand auf, und sie umarmte mich, wie wir das immer nach einer Bestrafung tun. Dies geschah nur einmal, aber Kari war nun in der Lage, besser zu verstehen, wie schmerzhaft es für ihre Eltern sein muß, wenn sie ihre Kinder auf diese Weise strafen.

6. *Benutzen Sie einen neutralen Gegenstand zum Bestrafen.* Es ist wichtig, daß ein neutraler Gegenstand benutzt wird, weil Kinder dazu neigen, den Schmerz mit dem Gegenstand in Verbindung zu bringen, mit dem sie geschlagen wurden. Wenn Eltern mit ihrer Hand schlagen, fühlt sich das Kind vielleicht unwohl, weil dieselbe Hand es berührt, festhält oder umarmt. Dies trifft besonders zu, wenn das Kind aus Wut heraus bestraft wurde. Wir haben herausgefunden, daß es sehr effektiv ist, einen dünnen Stock zu benutzen, den wir gemeinsam als Familie bemalt haben. Wir nennen diesen Stock den „Lehrer". Wenn wir den „Lehrer" benutzen wollen, müssen wir meistens einige Minuten suchen, bis wir ihn gefunden haben. Das hat den Vorteil, daß sich die Gemüter in der Zeit des Suchens ein wenig „abkühlen" können.

Das erste Mal benutzte ich diesen Stock, als Kari ungefähr drei Jahre alt war. Sie sprang auf dem Bett herum und begann zu schreien. Als ich sie greifen wollte, sprang sie hinter und später unter das Bett. Ich sagte ruhig zu ihr, daß sie auf jeden Fall die Strafe erhalten würde, auch wenn ich den ganzen Tag warten müßte.

Schließlich legte sie sich auf das Bett, und ich gab ihr einen „Klaps". Sobald ich das getan hatte, sprang sie wieder auf dem Bett umher und schrie erneut. Ich sagte ihr, sie solle ruhig liegenbleiben, bis ich fertig wäre. Also legte sie sich wieder hin, und ich gab ihr noch einen „Klaps". Wieder sprang sie auf und begann zu schreien. Ich blieb ruhig, aber konsequent, und wir wiederholten das Ganze noch dreimal. Schließlich merkte sie, daß ich es ernst meinte, und blieb ruhig liegen. Kari sprang nie wieder so herum, weil sie wußte, daß ich in diesem Bereich keinen Spaß verstand.

Aus dieser Episode haben wir beide gelernt, daß man beim Strafen merkt, wie weit der Widerstand eines Kindes gehen kann. Hartnäckiges Strafen kann den Widerstand und die Dickköpfigkeit eines Kindes brechen, was uns zum siebten Punkt führt.

7. *Sie sollten so lange strafen oder eine Strafe verhängen, bis der Widerstand Ihres Kindes gebrochen ist.* Es ist sehr wichtig, daß wir unsere Kinder nicht zu grob anfassen oder in großer Wut schlagen, selbst wenn dies bedeutet, daß wir uns einige Zeit zurückziehen, um den schlimmsten Ärger zu überwinden. Wir müssen uns die Zeit nehmen, ihnen Liebe zu vermitteln; genauso müssen wir ihnen aber klar zu verstehen geben, daß sie so lange Schläge bekommen, bis sie verstehen, daß wir es ernst meinen. Wenn wir jedoch die Kinder in großer Wut schlagen, können sie sich uns verschließen. Das zieht schlimmere Folgen nach sich, als wenn wir sie gar nicht geschlagen hätten.

Als Greg in der siebten Klasse war, durchlebte er eine Phase, in der er die Schuld für eine schlechte Note in der Schule entweder auf seinen Lehrer, seine Mutter oder sogar auf die Tageszeit abwälzte. Jeder und alles hatte Schuld, nur er nicht. Ich versuchte, Greg deutlich zu machen, wie wichtig es ist, daß er selbst die Verantwortung dafür übernimmt und nicht anderen in seiner Umgebung die Schuld gibt. Die entscheidende Kraftprobe kam, als Greg mir trotzig und allen Ernstes sagte: „Vati, es ist nicht meine Schuld. Es ist ihre Schuld." Er wurde mir, seinem Vater, gegenüber sehr frech und unhöflich, woraufhin ich ihn bestrafte. Fünf Minuten, nachdem er von mir Schläge bekommen hatte, umarmte ich ihn. Greg saß auf meinem Schoß und sagte: „Vati, danke, daß du mich bestraft hast. Jetzt weiß ich, daß es meine Schuld ist." Dann setzte er sich hin, nahm seine Schulbücher und begann zu lernen. Ich konnte die reinigende Kraft in seinem Leben sehen, weil er konsequent bestraft worden war und sein Widerstand gebrochen wurde.

8. *Trösten Sie Ihr Kind, nachdem es Schläge bekommen hat.* Kari und Mike krabbelten meist auf meinen Schoß, um von mir umarmt zu werden, nachdem sie Schläge bekommen hatten. Aber bei Greg brauchte es manchmal eine oder zwei Stunden,

bis er wieder „aufgetaut" war und berührt werden wollte.
Einmal wollten Kari und Greg gleichzeitig im selben Raum ihre
Schläge bekommen. Sie wollten zusammensein, um sich gegenseitig trösten zu können. Sie umarmten sich vorher und fragten,
wer der erste sein wollte. Sie bekamen beide ihre Schläge,
weinten beide, und danach lagen wir uns alle in den Armen.
Liebevolles Umarmen vermittelt dem Kind wieder ein stär-
keres Gefühl für unsere Liebe.

9. *Sprechen Sie mit Ihrem Kind über jede nur mögliche und
nötige Form der Wiedergutmachung seines Vergehens.* Wenn ein
Kind Schläge bekommt, weil es einen Nachbarn bewußt und
absichtlich verprügelt hat, kann es wichtig sein, daß Sie mit ihm
darüber reden, wie es zu diesem Nachbarn gehen und ihn um
Vergebung bitten soll. Wenn es jemandem Geld gestohlen hat,
könnten Sie mit dem Kind darüber reden, wieviel Geld es
zurückzahlen kann und auf welche Weise dies geschehen soll.

10. *Werten Sie Ihre Strafe und die Reaktion Ihres Kindes nach-
träglich aus.* Wenn Sie Ihrem Kind in irgendeiner Weise unrecht
getan haben, sei es durch falsche Beschuldigung, Wut oder
dadurch, daß Sie seine Person und nicht sein falsches Verhalten
angegriffen haben, oder wenn Sie das Kind in eine peinliche
Situation gebracht haben, zu wenig Liebe zeigten oder ihm eine
zu hohe Strafe gaben, sollten Sie unbedingt zu Ihrem Kind
gehen und noch einmal die fünf Schritte der Versöhnung
befolgen, um sein Herz wieder zu öffnen. Zuvor sollten jedoch
Eltern und Kind seelisch ein bißchen zur Ruhe gekommen sein,
um besser auswerten zu können, was sich objektiv zugetragen
hat. Ein Kind hat ein feinfühliges Empfinden für Fairness und
reagiert sehr empfindlich auf Verletzungen, die ihm seine
Eltern zufügen. Eine der häufigsten Anklagen, die Kinder
gegen ihre Eltern vorbringen, ist, daß diese nur selten ihre
Fehler zugeben. Dieser Stolz der Eltern macht zukünftiges
Strafen sehr viel schwieriger, weil dadurch ein Kind sein Herz
verschließen kann.

Mein schlimmstes Erlebnis mit Schlägen hatte ich, als Greg
ungefähr zwei Jahre alt war und ich versuchte, seinen – wie es
schien – „starken aufsässigen Widerstand" zu brechen. Ich gab
ihm einige Schläge, mit denen ich versuchte, „seinen Widerstand zu brechen". Dabei nahm ich auf einmal seine Angst,

seine Frustration und seine Unfähigkeit wahr, mir seine Lage zu erklären. Schließlich hörte ich auf, ihn zu bestrafen, selbst ziemlich schmerzerfüllt über mein Handeln, und hielt meinen Sohn fest. Ich bat ihn um Vergebung, weil ich spüren konnte, wie seine Bitterkeit mir gegenüber immer größer wurde. Wir warteten, bis er älter war, bevor wir ihn wieder auf diese Weise bestraften. Ich hatte das Gefühl, daß er aufgrund seines Alters zuvor nicht einsichtig genug war, um bei ihm damit ein positives Ergebnis hervorzurufen. Für uns als Eltern ist es immer noch wichtiger, eine herzliche und liebevolle Beziehung zu unseren Kindern zu haben als eine strenge, „militärische" Atmosphäre zu verursachen. Strenge und Konsequenz sind wichtig, aber ich würde sagen, daß die Gewichte in der Kindererziehung wie folgt verteilt sein sollten: ca. 45% entfallen auf die Strenge mit klaren Grenzen und ca. 55% auf die liebevolle Beziehung.

Neben bedingungsloser Liebe und Unterstützung für die eigenen Kinder sollten die Eltern diese Liebe dadurch ausgleichen, daß sie klar umrissene Regeln und Grenzen aufstellen. Auf diesem Gebiet hatten wir viel zu lernen, und wir lernen immer noch. Was ich in diesem Kapitel berichtet habe, hat sich über viele Jahre voller Irrtümer und leidvoller Prüfungen in unserer Familie entwickelt.

Elternschaft ist nicht etwas, das man ein für allemal beherrscht, für das man eine „Eins" bekommt, und dann hat man es geschafft. Es wäre schön, wenn es so einfach wäre. Wir müssen statt dessen immer wieder lernen. Jim Zorn, ein Spieler des amerikanischen Footballnationalteams erzählte mir, daß sich die Spieler jedes Jahr zwei Wochen lang zum Training treffen, um die grundlegenden Regeln des Angriffsspieles zu wiederholen. Während dieser Zeit üben sie dieselben Techniken immer und immer wieder neu. Dasselbe sollte für Eltern gelten. Wir sollten ständig die Grundlagen von Elternschaft und Erziehung lernen, wiederholen, üben und neu lernen. Norma und ich lernen immer noch, jeden Tag neu. Unsere Kinder sind jetzt zehn, fünfzehn und siebzehn Jahre alt, aber wir haben die Verantwortung, weiter zu lernen, bis alle unsere Kinder erwachsen sind. Dann freuen wir uns darauf, etwas darüber zu lesen und zu lernen, wie Großeltern das Leben ihrer Enkel bereichern können. Wir hoffen, daß wir nie aufhören zu lernen.

5

Wie kann man Kinder motivieren

Es war im Jahre 1957 in San Francisco. Ein großer, abgemagerter, zehn Jahre alter Junge wartete darauf, sich in das Kaiser Footballstadion hineinzuschleichen. Er hatte ein ganzes Jahr lang auf dieses Spiel zwischen den San Francisco 49ern und den Cleveland Browns gewartet und auf die Chance, sein großes Idol, Jimmy Brown, zu sehen. Jimmy Brown war der „Star-Abwehrspieler", der fast jeden Laufrekord in der amerikanischen Football-Liga hielt. Der kleine Junge wartete darauf, daß der Torwart am Ende der ersten Halbzeit gehen würde, um sich ins Stadion hineinschleichen zu können. Aber das war nicht leicht für ihn, denn er hatte Schwierigkeiten beim Laufen. Er war im Ghetto aufgewachsen, und die schlechte Ernährung dort hatte ihm sehr zugesetzt. Seine Beine waren schwach und gekrümmt, und er mußte sich mit Hilfe von Stahlschienen fortbewegen.

Nachdem er sich zum Stadion durchgekämpft hatte, stand er genau in der Mitte vor dem Spielereingang, wo er geduldig auf das Ende des Spieles wartete. Kaum war das Spiel aus, kämpfte der zähe Junge darum, gerade zu stehen, damit er diesen wichtigen Moment nicht verpaßte. Endlich sah er Jimmy Brown auf ihn zukommen. Als dieser gerade an ihm vorbeiging, hielt der Junge ihm ein Stück Papier entgegen und bat ihn höflich um ein Autogramm. Brown unterschrieb es freundlich und wollte das Stadion in Richtung Kabinen verlassen.

Aber bevor er weitergehen konnte, zog der Junge an Browns Trikot. Der populärste Abwehrläufer wandte sich um und bekam dieses stolze Bekenntnis zu hören: „Herr Brown, ich habe ein Poster von Ihnen an meiner Wand hängen. Meine Familie kann sich kein Fernsehgerät leisten, aber ich sehe die Fußballspiele bei den Nachbarn an, sooft ich kann. Ich bin ganz genau über Ihre Rekorde informiert, und ich bin davon überzeugt, daß Sie der Größte sind. Sie sind mein Idol."

Brown legte seine Hand auf die Schulter des Jungen und dankte ihm, bevor er in seine Kabine ging. Aber der Junge schaffte es noch einmal, ihn am Trikot zu ziehen. Brown wandte sich wieder um, sah in die großen braunen Augen des Jungen und fragte ungeduldig: „Ja?" Der Junge räusperte sich, warf seine Schultern zurück und hielt seinen Kopf hoch. Dann sagte er ganz sachlich: „Herr Brown, eines Tages werde ich jeden Ihrer Rekorde brechen." Brown war von dieser Aussage so überrascht, daß er fragte: „Wie heißt du, mein Junge?" Er antwortete: „Orenthal James Simpson. Aber meine Freunde nennen mich nur O.J."

Im Jahre 1973 brach O.J. Simpson Browns ungebrochenen Laufrekord einer Saison – Brown hatte diesen Laufrekord seit langer Zeit inne – und wurde der erste Footballspieler, der in einem Jahr mehr als zwei Tausendmeterläufe gewonnen hatte. Er befand sich als Berufsspieler nach Brown auf dem 2. Platz, was das Rennen im Spiel anbetraf, als Verletzungen ihn zwangen, sich zur Ruhe zu setzen. Warum war O.J. Simpson so stark motiviert? Warum hatte er einen solch großartigen Erfolg erzielt?

Es gibt unendlich viele Gründe, warum Leute motiviert sind, etwas zu vollbringen. Es kann der Applaus sein, die Anfeuerungsrufe der Menge, Auszeichnungen. Doch echte und dauerhafte Motivation muß, wie bei O.J. Simpson, von innen kommen. Hätte Simpson Jimmy Browns Rekorde als eine unerreichbare Leistung angesehen, hätte er vielleicht schlußendlich in einem Rollstuhl gesessen. Aber das tat er nicht. Er setzte sich ein Ziel und war davon überzeugt, daß er dieses Ziel erreichen könnte.

Wenn ein Kind seine eigene Kraft und Energie einsetzt, um ein Ziel zu erreichen, das es sich selbst gesetzt hat, ist es wirklich motiviert. Es verfolgt dieses Ziel vielleicht auf Anregung seiner Eltern oder Freunde, aber es ist wichtig, daß das Kind sich selbst dieses Ziel gesetzt hat. Weiter ist ausschlaggebend, daß das Kind sich gewiß ist, das Ziel erreichen zu können.

Wir möchten betonen, daß wir Wert darauf legen, daß das Kind sich selbst Ziele setzt. Es ist eine feine Gratwanderung zwischen dem Motivieren und dem Manipulieren. Sowohl Väter als auch Mütter müssen sehr vorsichtig sein, um ihre Kinder nicht als

„Schachfiguren" für ihre eigenen Wünsche und Bedürfnisse einzusetzen. Haben Sie schon einmal miterlebt, wie ein Vater seinem Sohn eine Sportart aufgezwungen hat, weil der Vater – und nicht der Sohn – diese gern hatte?

Echte Motivation erwächst aus einem der folgenden Punkte oder einer Kombination von beiden:

1. Der Wunsch, etwas zu gewinnen.
2. Die Angst, etwas zu verlieren.

Stellen Sie sich vor, daß Sie Ihr Kind am Morgen seines Geburtstages wecken. Es braucht nicht lange zum Aufstehen ermuntert zu werden. Es springt freudig aus dem Bett, weil es weiß, daß an diesem Tag eine Überraschung auf es wartet. Dasselbe Kind wird seine Hand nicht in ein Feuer halten, denn es fürchtet sich vor Schmerzen und vor dem Verlust der Hand und wird dadurch motiviert, das Feuer zu meiden.

Durch meine dreißigjährige Arbeit mit Kindern, Teenagern und Studenten habe ich viele Möglichkeiten und Methoden kennengelernt, wie man Kinder motivieren kann. Grundlage dieser Methoden ist der Wunsch, etwas zu gewinnen, und die Angst, etwas zu verlieren. In diesem Kapitel werden wir uns auf die Motivation durch die natürliche Persönlichkeit des Kindes und auf den Gebrauch von zwei Kommunikationsmitteln konzentrieren. Im Kapitel sechs werden wir weitere Methoden ansprechen, wie man Kinder motivieren kann.

Die natürliche Neigung eines Kindes positiv nutzen

Ich konnte an Normas Stimme am Telefon erkennen, daß sie sehr niedergeschlagen war. Es war Muttertag, und ich war nicht zu Hause, weil ich ein Seminar leiten mußte. Norma fühlte sich einsam, und ich wünschte mir, zu Hause sein zu können. Während wir miteinander sprachen, kam Greg herein und schenkte ihr einen großen Blumenstrauß. Ich war hoch erfreut über seine Aufmerksamkeit, besonders weil er erst dreizehn Jahre alt war. Am folgenden Tag rief ich Norma noch einmal an, um zu erfahren, wie es ihr ging. „Oh, ich sitze gerade hier und schaue mir diese wunderbaren Blumen an, die Greg mir geschenkt hat", sagte sie. Ich fragte Norma, wo Greg sich diese Blumen besorgt hatte. Ich hoffte, daß er sie in unserem Garten und nicht in dem Garten der Nachbarn gepflückt hatte. „Oh nein", sagte Norma. „Er hat sie in einem Blumengeschäft bestellt." „Er hat sie bestellt? Woher hatte er das Geld, um die Blumen zu bezahlen?" „Oh, er hat einfach deine Kreditkarte benutzt."

Greg ist sehr sensibel und hilfsbereit, wann immer sich seine Mutter deprimiert fühlt. Er staubsaugt für sie, wäscht das Geschirr ab, fegt den Boden – alles nur, um seiner Mutter eine Freude zu machen. Unsere anderen Kinder verhalten sich völlig anders, und das macht ihre unterschiedlichen Persönlichkeiten aus. Kari und Michael leiden mit Norma mit, wenn sie traurig ist. Manchmal färbt die Niedergeschlagenheit auch auf beide ab. Aber keiner von ihnen „springt für Norma in die Bresche", wie Greg es tut.

Der Persönlichkeitstyp eines Menschen, den ich jetzt beschreiben werde, ist das Ergebnis seiner gesamten körperlichen Anlagen, besonders aber seiner Genstrukturen. Ich nenne dies gerne „die natürliche Neigung". Es gibt bei Kindern oft eine Mischung verschiedener Persönlichkeitstypen, aber meist ist ein Persönlichkeitstyp dominierend.

Natürlich beeinflußt auch die Erziehung und die Umgebung die „Neigung" eines Kindes. Ich habe beobachtet, daß mindestens fünf verschiedene Persönlichkeitszüge bei Kindern zu finden sind, und es ist wichtig, jeden von ihnen zu verstehen. Ich habe diese fünf Temperamente entdeckt, indem ich Kinder beobachtete und eine Anzahl von wissenschaftlichen Untersuchungen studiert habe. Jedes Kind ist unterschiedlich motiviert, je nach seiner „natürlichen Neigung".

Innerhalb jeder dieser fünf Persönlichkeitstypen wird das Verhalten der Kinder variieren, je nachdem als wievieltes Kind sie geboren wurden. Zum Beispiel sind erstgeborene Kinder meist energischer und aggressiver und mehr geneigt, Befehle zu erteilen. Zweitgeborene Kinder neigen dazu, geselliger zu sein. Andere Faktoren führen ebenfalls zu Unterschieden innerhalb eines Persönlichkeitstyps: wenn man ein Einzelkind ist, nur mit einem Elternteil lebt, der einzige Junge unter mehreren Mädchen ist und so weiter. Trotz dieser Abweichungen kann man die meisten Kinder einer der fünf allgemeinen Persönlichkeitskategorien zuordnen.

Die folgenden Aufstellungen zeigen diese fünf wichtigsten Persönlichkeitstypen und die allgemeinen Eigenschaften eines jeden Persönlichkeitstyps. Es wird auch erläutert, wie man jeden speziellen Typ motivieren kann, damit das Kind in positiver Weise beeinflußt wird bzw. reagieren kann.

Wenn man ein Kind dadurch motivieren will, daß man seine „natürliche Neigung" einsetzt, ist es wichtig, die grundlegenden Interessen und Talente des Kindes zu kennen. Dieses Wissen kann Ihnen dabei helfen, dieses Kind zu motivieren, z.B. besser zu lernen, sich gesund zu ernähren, Bücher zu lesen und vieles andere zu tun.

Kari hat viel von einem Friedensstifter, und sie möchte einmal Lehrerin werden. Wir haben dieses Ziel benutzt, um sie zu motivieren, sich gesünder zu ernähren, in der Basketballmannschaft ihres Gymnasiums mitzuspielen und in der Schule fleißiger mitzuarbeiten. Wir haben ihr gezeigt, daß sie so körperlich und intellektuell besser vorbereitet ist, eine gute Lehrerin zu werden.

Als unser zehnjähriger Sohn Michael uns sagte, daß er Berufsfootballspieler werden wollte, haben wir dieses Ziel dafür eingesetzt, ihn dazu zu motivieren, nahrhaftes Essen zu sich zu nehmen und seinen Körper besser fit zu halten. „Hast du je einen Footballspieler getroffen, der sich ungesund ernährt?" fragte ich ihn. Jetzt hat er sich entschlossen, Wärter im Zoo zu werden. Daraufhin haben wir verschiedene Zoos besichtigt und uns informiert bzw. darüber gesprochen, welche fachlichen Voraussetzungen ein guter Zoowärter erfüllen sollte. Weil ein Zoo immer ordentlich und sauber sein muß, haben wir Michael dazu ermutigt, sein Zimmer besser in Ordnung zu halten. Wir haben ihm Bücher über Tiere geschenkt, um ihn zu ermutigen, beim Lesen Fortschritte zu machen. Dadurch wurde er gleichzeitig motiviert, in der Schule besser zu werden. Er hatte plötzlich große Freude daran, eigene Forschungen zu betreiben und Referate für die Schule auszuarbeiten, weil er sich so sehr für Tiere interessierte.

Allgemeine Eigenschaften

Gebote und Verbote
für die Motivation

– Er glaubt, daß er meist
recht hat.
– Er ist oft kritisch und
weist andere auf ihre
Fehler hin.
– Er neigt dazu, Perfek-
tionist zu sein.
– Er glaubt, daß es eine
richtige und eine falsche
Art gibt, etwas zu tun.
– Er neigt dazu, andere
unbewußt zu verletzen.
– Wenn er eine Sache er-
ledigt, will er sie richtig
machen oder gar nicht.
– Er ist ein Pessimist.
– Er ist hartnäckig.
– Er ist treu und loyal.
– Er erinnert sich gut an
das, was andere für ihn
getan haben.
– Er kann von traurigen
Geschichten sehr stark
gerührt werden.

– Nehmen Sie sich Zeit, die
Dinge richtig zu erklären,
denn wenn er erst einmal die
Richtigkeit gewisser Dinge
einsieht, fügt er sich meist
unserem Willen.
– Hüten Sie sich davor, seine
Fähigkeit, anderen scho-
nungslos die Wahrheit zu
sagen, so zu interpretieren,
daß auch er die schonungs-
lose und prägnante Wahr-
heit ertragen kann. Er läßt
sich durch echte Trauer,
sogar durch Tränen, moti-
vieren, aber er ist Experte
darin, unechte und manipu-
lierende Motivation zu unterscheiden.
– Er möchte gerne wissen, wo
er etwas falsch gemacht hat.
Er weiß aber auch genau, ob
wir ihm gegenüber ehrlich
und bereit sind zu warten, bis
er es wirklich verstanden hat.
– Vermeiden Sie längere
Streitgespräche, denn der
„Willensstarke" fühlt sich oft
wie ein Heuchler, wenn er
über etwas diskutiert, von
dem er „weiß", daß es richtig
ist – nämlich seine eigene
Meinung.

Allgemeine Eigenschaften	Gebote und Verbote für die Motivation

- Er paßt sich an andere an.
- Er ist leicht zu beeinflussen.
- Er ist abhängig von anderen.
- Er steht anderen bei.
- Er hat ein weiches Herz.
- Er ist liebenswürdig.
- Er meidet lange Streitgespräche.
- Er ist etwas introvertiert.
- Er ist vorsichtig in dem, was er sagt oder tut, damit er keine Konflikte hervorruft.
- Er will nicht auffallen.

- Er muß wissen, daß wir ihn als einzigartigen Menschen lieben.
- Er reagiert negativ darauf, in eine Schablone gepreßt zu werden.
- Er reagiert besser auf jemanden, den er für einen Freund hält.
- Forschen Sie geduldig, welche persönlichen Ziele er hat, und motivieren Sie ihn, indem Sie ihm helfen, diese Ziele zu erreichen.
- Wenn der Friedensstifter nicht mit Ihrer Meinung übereinstimmt, sollten Sie über seine persönlichen Gefühle und Meinungen und nicht über objektive Tatsachen mit ihm reden.
- Vermeiden Sie es möglichst, ihn grob anzufassen oder zuviel von ihm zu fordern, denn der Friedensstifter kann sehr dickköpfig werden, wenn er verletzt wird.
- Wenn es zu einem Streit kommt, ist es besser, liebevoll und sanft mit ihm zu reden und ihn dabei zärtlich anzufassen: „Du fühlst dich

verletzt, nicht wahr? Ich
möchte auf keinen Fall, daß
es dir so schlecht geht. Wir
wollen die Angelegenheit
später klären, wenn wir beide
ein bißchen ruhiger sind."

Der Anführer

Allgemeine Eigenschaften	Gebote und Verbote für die Motivation

– Er manipuliert.
– Er ist leicht erregbar und nervös.
– Er ist undiszipliniert.
– Er verhält sich meist reagierend statt agierend.
– Er stellt sich selbst in das beste Licht.
– Er kann seine Gefühle offen aussprechen.
– Er möchte immer anderen helfen.
– Er ist kreativ.
– Er ist leicht zugänglich.
– Er ist warmherzig.
– Er teilt sich gerne mit.
– Er wetteifert gerne mit anderen.
– Er ist impulsiv und spontan.

– Finden Sie seine Meinungen und Vorstellungen heraus. Helfen Sie ihm dabei zu überlegen, wie er seine meist unrealistischen Ziele auf realistische Weise erreichen kann.
– Ein „Anführer" hat über fast alle Dinge seine feste Meinung. Wenn Sie ihn motivieren wollen, müssen Sie herausfinden, was ihn am meisten interessiert, und eine Freundschaft auf dieser Ebene seiner Interessen aufbauen.
– Er reagiert am besten auf die Motivation eines Freundes, der seine Gedanken schätzt.
– Wenn er vor einem Problem steht, sollten Sie als Eltern mögliche Lösungen mit ihm diskutieren und ihn selbst seine eigene Lösung finden lassen.

- Wenn Sie nicht mit ihm übereinstimmen, sollten Sie ausgiebige Streitgespräche meiden, denn „Anführer" haben das starke Bedürfnis zu gewinnen. Bemühen Sie sich um alternative Lösungen, mit denen sie beide leben können.
- Er tut meist nur das, was Sie überprüfen, nicht das, was Sie von ihm erwarten.

Der Helfer

Allgemeine Eigenschaften	Gebote und Verbote für die Motivation

- Er ist dem Friedensstifter ähnlich, aber ist mehr daran interessiert, bedürftigen Menschen wirklich zu helfen, anstatt nur Mitgefühl zu zeigen.
- Er stellt meist hohe Anforderungen; seine Art, etwas zu tun, ist die einzig richtige.
- Er ist unzuverlässig.
- Er ist impulsiv.
- Er plant nicht gerne lange im voraus.
- Er paßt sich an, weil er Konflikten ausweichen möchte.
- Er erledigt eine Aufgabe lieber selbst, als sie an andere zu delegieren.

- Der Helfer läßt sich durch echtes und aufrichtiges Lob motivieren.
- Wenn Sie von ihm erwarten, daß er eine bestimmte Aufgabe übernimmt, wird er dies wahrscheinlich nicht machen, sondern etwas anderes Unerwartetes für jemanden tun.
- Er ist dickköpfig, wenn zu harte Anforderungen gestellt werden.
- Meistens versucht er an einem Tag mehr zu schaffen, als möglich ist, und das frustriert ihn. Sie können ihm helfen, seinen Tagesablauf besser zu planen, aber ver-

– Er mutet sich meist zuviel zu.

langen Sie nicht von ihm, daß er sich auch an den Plan hält.
– Wenn Sie seine Hilfe bei einem bestimmten Projekt in Anspruch nehmen wollen, ist es am besten, wenn Sie in seiner Gegenwart beginnen und auf seine Hilfe warten. Es ist ihm vielleicht lieber, ohne Ihre Hilfe das Projekt zu Ende zu führen.

Der Streber

Allgemeine Eigenschaften	Gebote und Verbote für die Motivation
– Er ist sachlich. – Er ist verschlossen. – Er ist kühl. – Er ist unabhängig. – Er tritt gern in Konkurrenz zu anderen. – Er ergreift gerne die Initiative, setzt Dinge in Gang. – Er ist aggressiv. – Er denkt realistisch und ist hart. – Er ist dominierend. – Er ist rauh. – Er weiß immer genau, was er will. – Er ist bestimmend.	– Helfen Sie ihm, die Folgen seines Verhaltens zu erkennen. Bleiben Sie sachlich und objektiv. – Er interessiert sich dafür zu wissen, was geschehen wird, nicht warum es geschieht. – Wenn es zu einem Streit kommt, sollten Sie Ihre Argumente auf Fakten und Vernunft aufbauen und nicht auf Gefühlen. Streber lassen sich durch sachliche und nüchterne Tatsachen motivieren.

Unser Sohn hat Flugstunden genommen. Dadurch hat er ein besseres Selbstwertgefühl. Weil er mehr über die Geschichte des Fliegens und die verschiedenen Gegenden, über die er fliegen kann, lernen möchte, ist er jetzt in der Schule motivierter, und er liest viel.

Greg sagte, er wolle unter anderem deshalb Pilot werden, weil er mit mir gemeinsam durch das Land reisen und Vorträge halten möchte. Er hat auch vor, Kurse in Rhetorik zu belegen, um dieses Ziel besser erreichen zu können. Geistliche Dinge interessieren ihn auch zunehmend, und er bemüht sich, ein konsequentes christliches Leben zu führen, weil er erkannt hat, daß er dies jetzt schon lernen muß, wenn er eines Tages über diese Themen sprechen möchte.

Wenn Eltern die Interessen ihrer Kinder einsetzen, um sie zu motivieren, ist der Erfolg oft unübersehbar. Die Motivation auf der Basis der Interessengebiete eines Kindes ist sehr effektiv, weil sie dem Inneren des Kindes entspringt und seine Neigung widerspiegelt.

Eltern müssen sich jedoch davor hüten, wenn sie den Persönlichkeitstyp ihres Kindes berücksichtigen, es nicht zu einer bestimmten „Neigung" zu zwingen. Menschen eines Persönlichkeitstyps können auch Eigenschaften der anderen Persönlichkeitstypen annehmen. Deshalb sollten diese fünf allgemeinen Typen nur als Richtschnur und nicht als starre Form angesehen werden. Diese Persönlichkeitsstrukturen können in der Beziehung zu unseren Kindern und wenn wir sie motivieren wollen, hilfreich sein. Sie richten jedoch großen Schaden an, wenn sie zu solchen Aussagen führen: „Du bist der willensstarke Typ, und so wirst du immer bleiben." Sie sollten erkennen, daß sich Menschen anpassen oder sogar im Laufe ihres Lebens ihren Persönlichkeitstyp verändern können.

Das Salzprinzip verwenden

Kinder können dadurch sehr motiviert sein, daß ihre Interessengebiete gefördert werden, aber was können wir als Eltern tun, wenn wir noch nicht einmal die Aufmerksamkeit unserer Kinder gewinnen können? Was sollen wir tun, wenn sie sich unseren Versuchen entziehen, ein ernstes Gespräch mit ihnen zu beginnen? Ich habe ein einfaches Mittel gefunden, um ihre Aufmerksamkeit langfristig zu „packen". Ich nenne es *das Salzprinzip*.

Vor ein paar Jahren fuhren wir mit der Familie von Los Angeles nach Phoenix. Norma und die Jungen saßen hinten im Wohnmobil, und Kari saß vorn neben mir. Ich fragte sie: „Würdest du im nächsten Schuljahr gerne einen Freund haben, mit dem du öfters ausgehen könntest?" Schüchtern antwortete sie: „Ja." „Was soll das für ein Junge sein?" „Na ja, er muß nett und höflich sein. Ich möchte auch, daß er sensibel ist. Er soll sich für viele verschiedene Dinge interessieren, besonders für Sport." „Klingt nach einem ‚Supermann'", sagte ich. Kari lächelte und wurde ein bißchen rot, weil ich den Jungen ‚Supermann' genannt hatte. „Kari, möchtest du sicher gehen, daß dein Traummann und Traumfreund Wirklichkeit wird?" Sie sah mich verblüfft an: „Natürlich!"

„Nun, ich habe vor kurzem über zwei oder drei Dinge gelesen, die man tun kann, um einem Jungen, wie du ihn beschrieben hast, zu gefallen. Laß uns darüber sprechen, wenn wir wieder in Phoenix sind, okay?" „Warum warten?" fragte Kari. „Laß uns jetzt darüber reden."

Wir verbrachten den Rest unserer Fahrt damit, über verschiedene innere Einstellungen zu sprechen, die aus einem Menschen einen herausragenden Freund und Partner machen. Wir sprachen über Geduld, um Männer zu verstehen, und darüber wie sie sich von Frauen unterscheiden. Wir sprachen darüber, was wahre Liebe ist und wie Kari sich zu einem bestimmten Typ von Jungen hingezogen fühlt, weil sie einen ganz bestimmten Persönlichkeitstyp hat. So verbrachten wir eine sehr wertvolle Zeit zusammen im Wagen, und es kam alles dazu, weil ich das Salzprinzip angewendet habe.

Auf eine kurze Formel gebracht, bedeutet das Salzprinzip, daß man die Interessen eines Kindes einsetzt, um es bestimmte Dinge zu lehren, die Eltern für wichtig erachten.

Das Salzprinzip motiviert Kinder, gut zuzuhören und einige wichtige Wahrheiten über das Leben zu lernen. Ich habe es bei

Kari angewendet, als ich sie fragte: „Glaubst du, daß in diesem Jahr irgend etwas in deinem Leben eintreffen könnte, das dich an Gott zweifeln ließe? Du könntest dadurch zu einem ganz selbstbezogenen Mädchen werden, und plötzlich hättest du Schwierigkeiten in deiner Beziehung zu Gott. Du wirst kaum noch in der Bibel lesen und beten wollen, und du wirst dich weniger für die Schule interessieren. Du wirst auch merken, daß noch andere negative Dinge geschehen werden."

Nachdem ich dies gesagt hatte, fragte ich sie, ob sie darüber reden wolle, was eine solche Verwüstung in ihrem Leben hervorrufen würde.

„Ja, was ist es?" fragte sie ganz erregt. „Laß uns darüber reden, denn was immer es ist, ich möchte es nicht tun." Jetzt hatte ich noch einmal die Möglichkeit, ihr etwas von den Gefahren des vorehelichen Geschlechtsverkehrs mitzuteilen. Es war wieder ein sehr wichtiges Gespräch.

Das Salzprinzip kann angewendet werden, um Kinder viele wichtige Dinge zu lehren. Ich möchte Ihnen einige wichtige Richtlinien nennen, wie Sie diese Methode effektiv einsetzen können:

1. Machen Sie sich klar, was Sie mitteilen wollen.
2. Finden Sie die wichtigsten *Interessen* Ihres Zuhörers heraus.
3. Teilen Sie gerade so viel von Ihren Gedanken mit (indem Sie die Interessengebiete Ihres Zuhörers einsetzen), um damit bei Ihrem Gegenüber Neugierde zu wecken, so daß er mehr hören möchte.
4. Stellen Sie Fragen, um noch mehr Neugierde zu wecken.
5. Teilen Sie Ihre wichtigen Informationen oder Gedanken erst mit, wenn Sie die volle Aufmerksamkeit und das ungeteilte Interesse Ihres Kindes auf sich gezogen haben.

Vor nicht allzulanger Zeit wollte ich Mike etwas Wichtiges lehren. Wenn ich gesagt hätte: „Was hältst du davon, wenn wir zusammen in der Bibel lesen?", können Sie sich vorstellen, wie er geantwortet hätte: „Ja, okay, vielleicht später, Vati?" oder vielleicht: „Nein, nicht schon wieder!" Wir sind eine ganz normale Familie, und ich beobachte, daß meine Kinder sich nicht immer dafür interessieren, was ich für ihr Leben als wichtig erachte. Aber ich kann „Salz" ausstreuen und dadurch ihr Interesse wecken, indem ich Dinge erzähle, die sie interessieren. So habe ich es bei Mike gemacht.

„Hey, Mike? Soll ich dir eine Geschichte erzählen?" fragte ich. „Nein, Vati, ich spiele gerade. Vielleicht später." „Nun gut. Dann werde ich dir eben nicht von dem verrückten, wilden Mann erzählen, der in den Bergen lebte. Er war so stark, daß er Ketten entzweireißen konnte. Niemand konnte ihn bändigen, und er stieß solch schreckliche Schreie aus, so daß sich ihm niemand näherte." Ich hielt inne, und Mike sprudelte sofort los: „Steht das in der Bibel?" „Ja. Und du wirst es nicht glauben, was mit ihm geschehen ist. Aber vielleicht werde ich dir irgendwann einmal diese Geschichte erzählen." „Nein, bitte, erzähle sie mir jetzt!" Also begann ich davon zu erzählen, wie Jesus den besessenen Mann geheilt hat.

Das Salzprinzip ist ein sehr gutes Werkzeug, um Kinder zu motivieren, wenn man gleichzeitig die natürliche Neigung eines Kindes bewußt einbezieht. Ich kann zum Beispiel Gregs Wunsch, Pilot zu werden, dazu benutzen, um ihn für manche Dinge zu motivieren. Ich sprach einmal mit einem Berufspiloten und erfuhr, daß man diesen Beruf nicht ergreifen kann, wenn man eine Zeitlang bestimmte Drogen genommen hat. Man muß eidesstattlich versichern, daß man nie Drogen genommen hat und sich zur Überprüfung der Aussage auch einem Lügendetektor unterziehen. Ich wußte, daß dies Greg tief beeindrucken würde. Deshalb vereinbarte ich mit dem Piloten einen Termin, an dem auch mein Sohn teilnehmen sollte.

Vor dem Treffen wendete ich das Salzprinzip an, um Gregs Neugier zu wecken: „Weißt du, es gibt da etwas, das dich daran hindern könnte, je den Beruf eines Piloten zu ergreifen." Greg wurde natürlich neugierig und wollte gern wissen, was das sein könnte. Aber ich antwortete ihm, das könne er direkt von einem Piloten erfahren. Als wir drei uns an dem vereinbarten Tag zusammensetzten, fragte der Pilot meinen Sohn, ob er je Drogen genommen habe.

„Nein, das habe ich nie getan", antwortete Greg. „Das ist gut, Greg, denn ich möchte dich warnen. Solltest du es je tun, so kannst du kein Berufspilot werden. Du darfst noch nicht einmal eine Probe nehmen, sonst kannst du deinen Berufswunsch vergessen."

Dieses Gespräch war viel wirksamer als irgend etwas, was ich je hätte sagen können. Es war das Salzprinzip, das Greg dazu veranlaßt hatte, diesem Piloten zuzuhören.

Im Gymnasium unterrichtete uns ein Englischlehrer, der das Salzprinzip anwendete, um uns zum Lesen zu motivieren. Er las der Klasse aus einem Buch vor. Als er an die spannendste Stelle kam, hörte er auf zu lesen und schloß das Buch. Natürlich sagten wir alle: „Und was geschah dann?" „Das könnt ihr selbst lesen", war seine Antwort. „Auf welcher Seite?" bettelten wir. „Ihr werdet es schon finden."

Und so rannten wir in die Bücherei, um das Buch auszuleihen. Oft lasen wir das ganze Buch, um zu erfahren, wie die Geschichte endete. Norma bediente sich derselben Methode, um unsere Kinder zu motivieren, in einem Sommer mehrere Bücher zu lesen.

Sehen Sie sich doch einmal um, um sich bewußt zu werden, wie viele Menschen dieses Salzprinzip anwenden. Im Fernsehen zeigt man uns zwanzig oder dreißig Sekunden der nächsten Folge einer Serie. Mitten in den aufregendsten Szenen wird eine Folge abgeschlossen bzw. eine Sendung unterbrochen, und um zu wissen wie die Handlung weitergeht, muß sich der Zuschauer die nächste Sendung ansehen.

Beim „Tratschen" wird das Salzprinzip auf negative Weise eingesetzt. Sie können zu jemandem gehen und ihm sagen: „Sie werden nie erraten, was ich über den und den gehört habe." Sofort bekommen Sie zur Antwort: „Was denn?" Wenn Sie sagen: „Tja, ich habe versprochen, davon niemandem etwas zu sagen", benutzen Sie noch mehr „Salz" in diesem Gespräch. Dieser negative Gebrauch des Salzprinzips zeigt uns, wie effektiv es eigentlich ist. Es kann gebraucht werden, um zu manipulieren, was natürlich negativ ist, oder es kann auf positive Weise angewendet werden.

Es ist wichtig, sich immer vor Augen zu halten, daß der Gebrauch des Salzprinzips den Zweck verfolgt, einem Kind mit seinen wahren oder eingebildeten Bedürfnissen oder Interessen zu dienen. Es verhilft dem Kind dazu, seine Ziele zu erreichen und gleichzeitig, wichtige Informationen zu erhalten, die entscheidend dazu beitragen, daß es erwachsen wird.

Der nächste Punkt ist beim Motivieren ebenso wirksam wie das Einsetzen der natürlichen Neigung eines Kindes und das Benutzen des Salzprinzips. Ich habe noch nie etwas Effektiveres benutzt, um mit meinen Kindern ins Gespräch zu kommen. Ich konnte feststellen, daß dies die beste Methode ist, um einen Streit zwischen Eltern und Kindern auf positive Weise beizulegen und beide zu einer gegenseitigen Annäherung zu führen.

Beispiele benutzen

An ganz gewöhnlichen Tagen können Familienmitglieder einander verletzen. Die betroffenen Personen durchleben schwierige Zeiten, und sie tragen Schäden davon. Sie wünschten sich oft, die anderen Familienmitglieder könnten verstehen, wie ihnen zumute ist. Beispiele zu benutzen, ist eine der besten Möglichkeiten, andere an unseren Gefühlen teilhaben zu lassen. Diese können dazu beitragen, daß man es in der Zukunft unterläßt, anderen weh zu tun.

> Ein Beispiel schafft eine Assoziation unserer Gefühle zu einer wirklichen oder eingebildeten Erfahrung.

Beispiele zu benutzen, um andere zu motivieren, bedeutet, daß man sich auf der Gefühlsebene mit ihnen solidarisch erklärt. Die Motivation findet auf der Gefühlsebene statt.

Ein Teenager erzählte mir, wie sie ihren Vater dazu veranlassen konnte, ihr zuzuhören und sie zu verstehen. Sie benutzte ein Bild, was etwas mit seinem Beruf zu tun hatte, um ihm zu erzählen, was ihr Kummer bereitete.

„Vati, du weißt doch, daß nach manchen Reparaturen der Autobesitzer den Wagen zurückbringt, weil er unzufrieden ist. Frustriert nimmst du deine Werkzeuge wieder zur Hand und kontrollierst alles noch einmal. Und tatsächlich, du stellst fest, daß noch eine kleine Feineinstellung notwendig war. Nun, du bist ein toller Vater, und unsere Beziehung ist ganz gut, aber eine Kleinigkeit liegt vor, die nicht richtig „eingestellt" ist. Ich wünschte mir, wir hätten ein wenig Zeit, damit ich dir von meinem Standpunkt aus erklären könnte, was m.E. nötig ist, um unserer Beziehung wieder eine ‚Feineinstellung' zu geben." Der Vater des Mädchens verstand sofort, was sie meinte, denn er konnte sich gut vorstellen, wie jemand einen Wagen zur erneuten Überprüfung zurückbringt. Weil er verstand, wie sich seine Tochter fühlte, kam es zu einer positiven Veränderung in ihrer Beziehung.

In der Seelsorge mache ich oft von Beispielen Gebrauch, um Ehepaaren zu helfen, in ihrer Kommunikation zueinander wieder offen zu werden. Einmal beschrieb eine Ehefrau mit folgendem Beispiel, wie sie sich in ihrer Ehe fühlte: „Ich finde, daß dein Verhalten mir gegenüber in der letzten Zeit dem ähnelt, wie sich ein kleines, junges Kaninchen im Hinterhof fühlt. Es ist kalt und regnet. Du bist aus dem Haus gekommen, zum Mülleimer gegangen und dabei auf mich getreten, so daß meine Hinterbeine gebrochen sind. Ich habe schreckliche Angst und versuche, irgendwie wegzukommen." Ihrem Ehemann traten die Tränen in die Augen, und er sagte: „Ich war mir nicht im geringsten darüber bewußt, daß du solche Gefühle hattest. Ich wußte nicht, daß ich dich so verletzt habe." Wenn ein Mensch erst einmal beginnt, den Schmerz zu fühlen, den der andere empfindet, hat er auch ein größeres Verständnis für den anderen und wird weicher und zärtlicher im Umgang mit ihm.

Beispiele zu benutzen, ist sowohl für Kinder als auch für Erwachsene hilfreich. Kinder können dadurch in jedem Alter beeinflußt werden. Einzige Voraussetzung ist nur, daß sie sprechen können. Ich möchte ihnen zwei Schritte nennen, damit diese eine positive Wirkung haben. Erstens müssen wir klar erkennen, was wir fühlen. Was ist nicht in Ordnung oder welche Gefühle haben wir in bezug auf das, was um uns her passiert? Sind wir uns zunächst einmal dieser Gefühle bewußt, müssen wir uns – und das ist der zweite Punkt – eine Geschichte ausdenken, die diese Gefühle anschaulich erklärt. Wenn sich jemand deprimiert fühlt, kann er beispielsweise sagen: „Ich fühle mich wie die Farbe schwarz" oder „Ich befinde mich in einem tiefen Brunnen." Wir können solche Beispiele schaffen, indem wir Dinge zu Hilfe ziehen, die uns vertraut sind: Tiere, Wasser, Berge, Wüste, Möbel, die vier Jahreszeiten.

Ein Beispiel aus der Bibel macht deutlich, wieviel motivierende Kraft hinter Beispielen steht. In der Geschichte von David und Bathsheba lesen wir, wie David sich zu Bathsheba sexuell hingezogen fühlt, leidenschaftlich nach ihr verlangt und sie schließlich ein Kind von ihm erwartet. David, der sich wegen seines Verhaltens schuldig fühlte, setzte alles in Bewegung, damit ihr Ehemann, Uria, vom Schlachtfeld nach Hause gebracht würde, um bei seiner Frau sein zu können. David ging davon aus, damit seinen Kopf aus der Schlinge ziehen zu können. Aber Uria weigerte sich, nach Hause zu kommen. Er sagte, er wolle seine Kriegskameraden nicht im Stich lassen. Das ließ David wütend werden. Deshalb schickte er Uria auf dem Schlachtfeld an die Front, wo er getötet wurde.

David war innerlich nicht bereit, Buße zu tun oder sich zu ändern, bis Gott Nathan zu ihm sandte, der David ein mächtiges Bild vor Augen malte. Nathan erzählte die Geschichte von zwei Männern, die in derselben Stadt wohnten. Der eine war reich und hatte viele Schafe, der andere arm und hatte nichts als ein einziges kleines Schaf. Der arme Mann zog dieses Schaf mit seinen Kindern auf, und das Tier wurde fast ein Mitglied der Familie. Eines Tages kam ein Mann zu Besuch in die Stadt, aber der reiche Mann war nicht bereit, eines seiner vielen Schafe zu schlachten, um es für den Besucher als Mahl zuzubereiten. Er nahm das eine Schäflein des armen Mannes und setzte es seinem Gast vor.

Die Geschichte machte David so wütend, daß er sagte, der reiche Mann müsse für das Schaf des armen Mannes vierfach zurückbezahlen. Er forderte sogar den Tod eines solchen Mannes. Mutig entgegnete Nathan darauf: „Du bist der Mann." Das Bild war so ausdrucksvoll, daß David bitteren Schmerz über seine Sünde empfand und Gott unter Tränen bat, ihm zu vergeben.

Jesus Christus beherrschte den Gebrauch solcher Gleichnisse geradezu meisterhaft. Er benutzte natürliche Sachverhalte und Erfahrungen, um die Wahrheit zu lehren. So sagte er beispielsweise: „Das Reich Gottes ist so, als ob man eine sehr wertvolle Perle gefunden hätte." Oder: „Wenn das Weizenkorn nicht in die Erde fällt und erstirbt, bleibt es allein, wenn es aber erstirbt, bringt es viel Frucht" (Joh. 12,24). „Ich bin der gute Hirte"

(Joh. 10,11). „Das Himmelreich gleicht einem Senfkorn" (Matthäus 13,31). „Ich bin das Licht der Welt" (Joh. 8,12). Diese Beispiele veranschaulichen Wahrheiten, die deshalb für die Menschen so gut verständlich sind, weil sie in einem engen Zusammenhang zu den Erfahrungen und Gefühlen der Menschen stehen.

Ich habe die Wirksamkeit und die Kraft solcher Beispiele in meiner eigenen Familie selbst erlebt. Ein Beispiel machte es einmal möglich, daß ich meinem Sohn helfen konnte, eine lästige Gewohnheit abzulegen. Ich bin oft unterwegs und häufig mehrere Tage lang nicht zu Hause. Wenn ich wieder nach Hause komme, begrüßt mich meist die gesamte Familie. Mich ermutigt es sehr, wenn sie sich alle versammeln, um mich zu umarmen, und wenn sie rufen: „Willkommen zu Hause, Vati!" Als unser Sohn Greg zwölf Jahre alt war, kam er meist auch mit den anderen, um mich willkommen zu heißen. Aber eine Zeitlang ging er mir nach dieser Begrüßung immer für ein oder zwei Stunden bewußt aus dem Weg. Ich versuchte, ihn anzufassen oder ihn zu fragen, was er gemacht habe, während ich fort war, aber er sagte immer nur: „Bitte laß mich in Ruhe. Ich habe keine Lust zu reden."

Das tat mir weh. Er verhielt sich so, als ob sein Herz mir gegenüber verschlossen wäre. Ich hatte ihm jedoch überhaupt nichts getan. Ich fragte Norma, ob sie wisse, was los sei. Sie erklärte mir, daß Greg wahrscheinlich böse auf mich sei, weil ich so lange fort war, und daß dies seine Art war, mich dafür zu bestrafen.

Mir lag es am Herzen, Greg verständlich zu machen, wie weh mir seine Ablehnung tat. Deshalb lud ich ihn an einem Abend, ein paar Tage, nachdem ich wieder von einer Reise zurückgekommen war, zum Essen ein, so daß wir beide allein waren. Nach dem Essen dachte ich mir eine Geschichte aus, die etwas mit seinem Einsatz in der Basketballmannschaft seiner Schule zu tun hatte.

„Stell dir vor, Greg, du würdest im Basketballverein zur ersten Mannschaft gehören und wirklich sehr gut spielen. Aufgrund einer Verletzung würden wir dich zum Arzt bringen, und er käme zu der Feststellung, daß du zwei Wochen lang nicht spielen könntest. Du spielst also nicht, kommst aber regelmäßig zum Training. Nach zwei Wochen bist du bereit, wieder zu spielen, aber die anderen Spieler und der Trainer ignorieren dich einfach. Sie tun so, als ob du gar nicht da wärst. Wie würdest du dich da fühlen?" „Vati, das würde mir sehr weh tun. Ich möchte es nicht erleben müssen."

„So ähnlich ergeht es deinem Vater, wenn er von einer Reise nach Hause kommt und du ihn zwar begrüßt, aber danach einige Stunden lang keinerlei Notiz von ihm nimmst. Ich möchte wieder zurück in das ‚Familienteam', aber ich habe das Gefühl, daß du mich ignorierst." „Das wußte ich gar nicht", sagte er. „Das erscheint logisch. Ich werde es nicht mehr tun."

Zwei Wochen später ging ich wieder auf eine Reise. Als ich ins Auto stieg und mich schon von allen verabschiedet hatte, schrie Greg: „Eine gute Reise, Vater. Und mach' dich darauf gefaßt, abgelehnt zu werden, wenn du nach Hause kommst." Wir lachten alle, aber er hat es nicht vergessen. Nie wieder hat er mich ignoriert, wenn ich nach Hause kam.

Beispiele kann man bei jedem Menschen anwenden. Machen Sie Ihre Erfahrung damit bei Ihrem Ehepartner oder einem guten Freund, bevor Sie es bei Ihren Kindern versuchen. Je mehr Sie üben, desto besser werden Sie dieses Kommunikationsmittel beherrschen, und Sie werden erleben, daß diese einfache motivierende Kraft sehr effektiv ist.

Im folgenden Kapitel werden weitere Anregungen zu diesem Thema gegeben.

6

Zusätzliche Wege,
Kinder zu motivieren

Es ist noch nicht sehr lange her, daß ich neben unserem jüngsten Sohn Mike lag, als er gerade beim Einschlafen war. Irgendwie kam es dazu, daß wir darüber sprachen, wie wertvoll er mir ist. Ich stellte ihm dieselbe Frage, die ich ihm schon viele Male gestellt hatte. „Warum liebt Vati dich so sehr?" Ohne zu zögern, antwortete er: „Weil ich ein Junge bin und blaue Augen habe, richtig?" „Ja", antwortete ich, „aber denk' doch mal nach. Es gibt noch einen wichtigeren Grund." Er dachte nach und lächelte: „Weil ich dich zur Familie zurückgebracht habe?" „Ja, aber es gibt noch einen wichtigeren Grund", antwortete ich. Er war einer der Hauptgründe gewesen, warum ich berufliche Veränderungen in Kauf genommen hatte, um mehr Zeit für meine Familie zu haben. Mike dachte noch einen Augenblick nach und sagte dann: „Weil ich so bin, wie ich bin." „Das ist es!" Diese besondere Zeit mit Mike erinnerte mich an ein großes Problem bei der Motivation von Kindern.

Kinder zu motivieren, ist ein effektiver Weg, ihr Verhalten zu verändern. Wenn jedoch ein Kind nur aufgrund seiner Leistungen akzeptiert wird, kann das für Kinder wie auch für Eltern eine große seelische Belastung werden. Eltern sollten sehr darauf achten, ihren Kindern ihre Liebe und Zuneigung nicht vorzuenthalten, wenn sie nicht ihren Erwartungen entsprechen. In einer gesunden Eltern-Kind-Beziehung werden Kinder nicht aufgrund dessen angenommen, wie sie sich verhalten, sondern wie sie sind. Diese völlige Annahme ihrer Person macht sie für Veränderungen offen und schenkt ihnen den Wunsch dazu.

Wieder muß betont werden, daß die echte Motivation aus dem Kind selbst erwachsen muß und nicht durch den äußeren Druck der Eltern bedingt sein darf.

Diese Wege, Kinder zu motivieren, werden nicht aufgeführt, damit Kinder manipuliert oder zu Leistungen gezwungen werden, sondern damit jedes Kind seine eigenen ganz persönlichen Möglichkeiten völlig erreichen und seine eigenen Ziele verwirklichen kann.

1. Helfen Sie Ihren Kindern, ihre eigenen Ziele zu setzen.

Der Footballtrainer der Mannschaft einer Universität in Texas bat jeden seiner Spieler, eine Nummer zwischen eins und zehn aufzuschreiben. Die Nummer zehn sollte dabei das Beste sein und darstellen, wie gut der Spieler in dieser Saison werden wollte. Jeff hatte sich freiwillig für diese Mannschaft gemeldet, d.h. er war nicht vom Trainer aus den besten Spielern ausgesucht worden. Er schrieb eine „10" auf sein Blatt, weil er sich hohe Ziele gesteckt hatte. Der Trainer forderte jeden Spieler auf, spezifische Ziele für die Saison aufzuschreiben. Jeff setzte sich u.a. Gewichtheben und den 100-Meter-Lauf als Ziele: Er wollte 400 Pfund heben und den 100-m-Lauf in 11 Sekunden schaffen. Der Trainer forderte die Spieler auf, diese Zettel mit ihren Zielen an verschiedenen Plätzen aufzuhängen, z.B. in ihren Kabinenschränken und zu Hause, damit sie ständig daran erinnert würden. Jede Woche mußten die Spieler sich gegenseitig die eigenen Ziele vorlesen, und gemeinsam wurden die Fortschritte jedes einzelnen ausgewertet. Jeff sagte, diese Methode der konkreten Zielsetzung sei wahrscheinlich die motivierendste Kraft gewesen, die er je erlebt habe, denn die Ziele, die er zu erreichen versuchte, waren seine eigenen.
Bei unseren Kindern wenden wir dieselbe Methode des Zielsetzens an, sei es im Bereich des Sports, der Schule oder irgendwelcher anderer Interessen oder Hobbys. Wir fragen sie: „Wie gut möchtest du werden? Nenne eine Zahl von 0 bis 10. Wir werden dir helfen, aber zuerst möchten wir deine Ziele verstehen."
In der Vergangenheit haben unsere Kinder ihre Ziele nicht so hoch gesteckt, wie wir es gerne gehabt hätten. Das führte natürlich zu einigen Konflikten. Wir mußten erst einmal genau verstehen lernen, welche Ziele sie verfolgten, um uns darüber klarzuwerden, warum sie in einigen Bereichen nicht so motiviert

waren. Beispielsweise drängten wir Kari jahrelang, überdurchschnittlich Klavierspielen zu können. Wir hätten es gern gesehen, daß sie ihr Können vor einer Gruppe zum Besten geben sollte. Schließlich baten wir sie, uns eine Zahl von 0 bis 10 zu nennen, wie gut *sie selbst* im Klavierspielen sein wollte. Sie wählte die 5 – den Durchschnitt. Wir hatten die Nummer 8 für sie ausgewählt, aber das war nicht ihr Ziel. Die Folge davon war, daß wir mehr oder weniger neben ihr sitzen mußten, um sie zum regelmäßigen Klavierspielen zu zwingen. Sie hörte schließlich mit dem Klavierspielen auf, als sie 16 Jahre alt wurde, weil sie ihr Ziel erreicht hatte.

Wenn man seine Kinder liebt, gehört auch dazu, daß man ihnen hilft, *ihre Ziele* zu erreichen, und daß man ihnen nicht die eigenen Ziele aufzwingt. Kinder sind nicht sehr lange motiviert, wenn wir unsere Ziele bei ihnen durchsetzen wollen, weil sie dann nur auf einen äußeren Druck reagieren. Echte Motivation muß jedoch von einem Kind selbst kommen.

Wenn Sie Ihren Kindern helfen wollen, sich selbst Ziele zu stecken, ist es gut, sie mit Menschen zu konfrontieren, die in Bereichen Erfolg hatten, an denen Ihre Kinder Interesse haben. Interessiert sich Ihr Kind beispielsweise sowohl für Tiere als auch für Medizin, könnten Sie einen Termin mit einem Tierarzt vereinbaren. Ihr Kind könnte diesem Tierarzt vielleicht eine Weile zusehen, damit es die Anreize bekommt, durch die es zusätzlich motiviert wird. Die Motivation ist oft effektiver, wenn sie von jemandem außerhalb der Familie kommt.

2. Helfen Sie Ihren Kindern, die positiven Ergebnisse zu sehen, die die Verwirklichung ihrer eigenen Ziele mit sich bringt, und die negativen Folgen, wenn sie sie nicht erreichen.

Es war zu Beginn der Basketballsaison, und die Mannschaft spielte ganz gut. Aber sie sollten bald ein Spiel gegen eine Mannschaft bestreiten, gegen die sie im Vorjahr kläglich verloren hatten. Der Trainer wußte, daß er seine Spieler besonders motivieren mußte. Deshalb führte er den aufgezeichneten Film des Vorjahresspiels vor, und die Spieler konnten noch einmal erleben, wie schlecht sie an diesem Abend gespielt hatten. Im

Film wurden sogar die schmachvollen Gesichtsausdrücke der Fans eingefangen, die über ihr Team völlig aufgebracht waren.

Man denkt jetzt, daß es keine sehr gute Idee ist, mit diesem Film die Spieler zu motivieren. Danach holte der Trainer einen Film aus dem Archiv von einem Spiel, in dem sie überragend gespielt und gewonnen hatten. Dieses Mal schrien die Fans völlig begeistert und feuerten sie an. Der Trainer sagte während der Filmvorführung zu seiner Mannschaft: „Schaut mal, wie gut ihr gegen diese Mannschaft gespielt habt. Ihr seid in der Lage, dieses Jahr genauso gut gegen das Team zu spielen, gegen das ihr letztes Jahr verloren habt. Also, worauf wartet ihr noch? Wir werden es schon schaffen!"

Der Trainer wollte seinen Spielern helfen, sich selbst schon auszumalen, wie sie die Gegner schlagen würden. Sie sollten sich lebhaft vorstellen können, wie die Fans sie anfeuern und wie sie selbst auf dem Platz stehen. Sie sollten sich an die Freude erinnern, einen schweren „Feind" geschlagen zu haben, und an den Schmerz, den sie erleiden mußten, als dies nicht gelang und sie kläglich versagten.

Ein berühmter Trainer an einer High School in Südkalifornien motiviert seine Spieler auf besondere Weise. Er bemüht sich, zunächst einmal die Ziele seiner Spieler kennenzulernen. Ein Junge will vielleicht seinem Vater gefallen, ein anderer seiner Freundin imponieren usw. Während des Trainings nimmt der Trainer den Jungen beiseite, der seinem Vater gefallen möchte, und sagt ihm vielleicht: „Du arbeitest doch gerade an deinem Spiel, aber du bist noch nicht in der besten Form. Kannst du dir vorstellen, wie stolz dein Vater auf dich sein wird, wenn du jetzt diese Technik anwendest, wenn du durch die Linien schießt und diesen Angriff erfolgreich beendest? Kannst du dir nicht schon vorstellen, wie dein Vater dich anfeuert und auf seinem Platz auf- und abspringt?"

Wir haben die Augen und den ganzen Gesichtsausdruck unseres Sohnes Michael beobachtet, wie er seinen älteren Bruder Greg bewundert und in seine Fußstapfen treten will. Wir wissen, daß er in allen Bereichen das Ziel hat, so gut wie Greg zu sein – besonders im Sport. Wir ermutigen unsere Kinder im Sport hauptsächlich deswegen, weil durch den Sport gewisse Charakterzüge gefestigt werden können, z.B. Geduld, Demut, und weil sie lernen, wie man gewinnt und verliert.

Ich spürte, wie sehr Mike motiviert ist, ein so guter Schlußmann in der Footballmannschaft zu sein wie Greg, als er mir von diesem Wunsch erzählte. Aber in seiner Klasse war Turnen Pflichtfach, und es bedurfte noch mehrerer Jahre, bevor er auf die High School kam. Ich sagte ihm: „Mike, kannst du dir vorstellen, wieviel Freude es machen wird, in einem Footballspiel einen weiten Ball zu fangen und einen Sprung über den Angreifer zu machen, weil du das in deinem Turnunterricht gelernt hast? Ich kann mir das jetzt schon vorstellen. Ich werde dem Mann, der neben mir im Publikum steht, sagen: ‚Haben Sie meinen Sohn gesehen? War das nicht eine Spitzenleistung?‘“ Michael lachte. Und für mich stand fest, daß er mich verstand und daß er eine ganz neue Motivation für seinen Turnunterricht bekam.

3. Denken Sie immer daran, wieviel Lob bewirkt.

Wenn Sie als Vater weniger als eine Minute täglich zur Verfügung hätten, um mit Ihren Kindern zu reden, was würden Sie ihnen sagen? Untersuchungen haben ergeben, daß Väter durchschnittlich sechzig Sekunden täglich mit ihren Kindern reden, und meist weisen sie ihre Kinder auf negative Verhaltensweisen hin.

Lob – das Gegenteil von Kritik – ist jedoch eine der effektivsten Möglichkeiten, einen Menschen zu motivieren. Man kann es auf vielfältige Weise anwenden. Sie könnten Ihren Kindern irgendwelche Prämien für gutes Verhalten oder für Erfolge geben. Sie könnten ein Foto von Ihrem Kind machen, wenn es gerade etwas tut, was Sie besonders schätzen, und es in ein Album kleben oder an die Wand hängen, wo es jeder sehen kann.

Michael war sehr niedergeschlagen nach seinem ersten Ringkampf. Er hatte verloren. Als ich zu ihm ging, sah ich, daß Tränen über sein Gesicht liefen. „Michael, das war ganz toll“, sagte ich zu ihm, ohne auf seine Tränen zu achten. „Dein Gegner ist schon seit zwei Jahren Ringer und nach zwei Runden stand es nur 2 : 1. Mike, wie konntest du nur gegen einen solch erfahrenen Ringer so gut aussehen?“

Mike schaute auf und sagte: „Sie haben mich betrogen. Sie hätten mich gegen jemanden aus meiner Altersgruppe und mit meiner Erfahrung ringen lassen sollen." Er machte eine Pause und fuhr fort: „Aber ich habe ihn zweimal zu Boden geworfen. Hast du das gesehen, Vati?" Sein Gesicht fing an, vor Erregung zu leuchten.

Ein Jahr später hatte Mike sich entschlossen, das Ringen aufzugeben. Aber der Trainer sagte ihm: „Das ist doch zu schade, Mike. Du bewegst dich glänzend und verfügst über gute Anlagen, um ein guter Ringer zu werden." Das Gespräch zwischen Mike und dem Trainer dauerte nicht viel länger als eine Minute, aber Mikes Einstellung zum Ringen veränderte sich in diesen wenigen Sekunden völlig. An diesem Abend erzählte er mir, sein Trainer habe gesagt, daß er ein sehr guter Ringer sei, und ihn gebeten, weiterzumachen.

Wir als Eltern können unsere Kinder durch Lob motivieren. Eltern sollten ihren Kindern die zehn Dinge nennen, die sie richtig gemacht haben, und auf Tadeln und Vorwürfe für die zwei Sachen, die sie falsch gemacht haben, verzichten. Sie würden über die Ergebnisse staunen.

4. Machen Sie Ihre Kinder mit einer Reihe von Aktivitäten bekannt.

Einige der Motivationsmethoden, die wir bisher vorgestellt haben, werden von den besten Studenten und Athleten in einem national anerkannten Trainingslager in Missouri angewandt, die dort hauptamtlich mitarbeiten. Eine Spitzensportlerin in diesem Lager sagte mir, ihre Eltern hätten sie, als sie noch ganz klein war, mit einer Reihe verschiedener Sportarten bekannt gemacht. Sie stellten ihr auch verschiedene Menschen vor. Dieser persönliche Kontakt beeinflußte sie sehr und weckte ihr Interesse für verschiedene Aktivitäten.

Die Hauptsache ist, daß man das Kind wählen läßt, was es tun möchte. Machen Sie Ihre Kinder mit einer Reihe von Aktivitäten bekannt und beobachten Sie genau ihre Reaktion und ihr Interesse. Haben Sie Geduld, bis Ihre Kinder Sie fragen, ob sie sich für etwas engagieren dürfen. Dann sollten Sie Ihre Kinder unterstützen, so gut Sie können.

5. Erwarten Sie von Ihren Kindern, daß sie Dinge richtig machen.

Als ich Jugendleiter für 300 etwa 10-12jährige Teenager war, erwartete ich von ihnen, daß sie pünktlich zu den festgesetzten Aktivitäten erschienen, verschiedene Studienprojekte erfüllten und alles gut machten. Meine Einstellung zu ihnen war, daß ich von ihnen immer nur das Beste erwartete, und ich war immer sehr beeindruckt von der hervorragenden und kreativen Arbeit, die diese Schüler bei jeder Aufgabe leisteten, die ich ihnen zu tun gab.

Ich habe gelernt, daß Kinder spüren können, ob man das Beste von ihnen erwartet oder nicht. Wenn sie merken, daß nicht so viel von ihnen erwartet wird – bzw. wenn weniger als das Beste genügt –, leisten sie auch nicht mehr. Haben Ihre Kinder das Gefühl, daß Sie davon ausgehen, daß sie es gar nicht besser tun können, dann werden diese auf Ihre Erwartungsebene herunterfallen. Ich habe schon erlebt, wie Kinder extrem motiviert waren, wenn viel von ihnen erwartet wurde. Ich stehe immer noch in Kontakt mit einigen dieser Teenager, und sie erzählen mir, daß sie sich noch an viele Dinge erinnern, die sie gelernt haben, weil von ihnen *erwartet* wurde, daß sie es tun können.

6. Glauben Sie daran, daß Ihre Kinder Erfolg haben werden.

Stellen Sie sich einmal vor, wie wenig Sie leisten würden, wenn Sie nur 8% Ihres Gehirns gebrauchen könnten. Was würden Sie bei dem Verlust von 92% Ihrer Gehirnkapazität alles aufgeben müssen?

Die meisten von uns würden nur wenig bis gar nichts aufgeben, weil sie nur etwa 8% ihrer geistigen Kapazität benutzen. Das zeigt, zu wieviel mehr wir in der Lage wären. So viele von uns begrenzen sich selbst, weil wir nicht glauben, daß wir Großes leisten können. Ärzte stellen mit Erstaunen fest, daß wir durch eine Rehabilitation selbst noch lernen können, wenn wir große Teile unseres Gehirns durch einen Unfall verlieren würden – wir könnten z.B. von neuem lernen, zu sprechen und zu laufen.

Im Fernsehen wurde gezeigt, wie dreijährige Kinder in Japan an einer Schule zu Konzertgeigern ausgebildet werden. Die Leiter der Schule begründeten die wahren Glanzleistungen der Kinder mit der Tatsache, daß die kleinen Kinder gar nicht *wüßten*, daß sie zu solchen Leistungen von ihrem Alter her eigentlich noch gar nicht in der Lage sein sollten.

Wir haben solch großartige geistige Fähigkeiten. Leider reden wir uns selbst ein, manche Dinge nicht zu können oder niemals zu erreichen. So können wir uns auch bei unseren Kindern verhalten und ihnen „ausreden", etwas Bestimmtes erreichen zu können. Wir sagen z.B.: „Nein, das würde ich gar nicht erst versuchen" oder „Du wirst nie so gut werden."

Wenn wir Kindern erst einmal die richtige Gelegenheit und Ermutigung geben, können sie Erstaunliches vollbringen. Welch ein Wunder war es, als Kari bereit war, in ihrem ersten Jahr an der High School Basketball zu spielen. Sie hatte nie diese Sportart betrieben. Ihr war noch nicht einmal der Unterschied zwischen Verteidigung und Angriff geläufig. Aber sie wurde dennoch in die Mannschaft aufgenommen. In ihrem ersten Spiel warf ihr eine Mitspielerin einen Ball zu. Kari duckte sich, weil sie glaubte, der Ball sei für jemand anders bestimmt gewesen. Warum sollte ihr jemand einen Ball zuwerfen wollen, dachte sie sich. Sie war sehr erstaunt, wieviel sie in diesem ersten Jahr lernte und welche Fortschritte sie machte. Wie begeistert waren wir, als sie ihren ersten Ball ins Netz warf und als sie zum ersten Mal für ein wichtiges Spiel nominiert wurde.

Wenn wir uns doch nur nicht selber immer so eingrenzen würden! Gott hat jeden von uns mit einem enormen Potential an Fähigkeiten geschaffen. Es spielt keine Rolle, wieviele Vorkenntnisse wir von einer Sache haben. Als Eltern müssen wir unseren Kindern vermitteln, daß sie etwas versuchen und sich dafür sogar besonders anstrengen sollten. Ich wollte meinen Kindern zeigen, daß selbst ein „alter Mann" noch unmöglich anmutende Dinge leisten kann. Dies war einer der Gründe, warum ich mit 42 Jahren meinen ersten Marathon lief.

7. Helfen Sie Ihren Kindern, ein positiveres Selbstbild zu entwickeln.

Ein kleiner Junge, der allem im Leben eine positive Seite abgewinnen konnte, bekam von seinem Vater einen Ball und einen

Baseballschläger geschenkt. Der Vater sagte zu seinem Jungen, daß er nach der Arbeit mit ihm Baseball spielen wolle. So geschah es auch, als der Vater nach Hause kam. Er nahm seinen Sohn mit in den Garten hinter dem Haus, um beim gemeinsamen Spiel zu sehen, was dieser schon konnte.

Der kleine Junge warf den Ball in die Luft, schwang den Schläger und schlug daneben. „Schlagfehler Nr.1", sagte der Vater. Der Junge warf den Ball wieder nach oben, schwang den Schläger und traf wiederum nicht. Sein Vater sagte: „Schlagfehler Nr.2." Entschlossener als zuvor warf der Junge den Ball zum dritten Mal in die Höhe, schwang den Schläger ganz kräftig, traf ihn nicht, drehte sich um sich selbst und ließ sich ins Gras fallen. Sein Vater sagte: „Schlagfehler Nr.3. Du bist draußen. Was meinst du dazu?" Hierauf antwortete der optimistische kleine Junge: „Mann, bin ich ein guter Werfer!"

Nur wenig positives Denken kann für die Motivation sehr viel bewirken. Aber je niedriger das Selbstwertgefühl eines Menschen ist, desto weniger wird dieser Mensch geneigt sein, körperlich und geistig hervorragende Leistungen zu vollbringen. Ein negatives Selbstbild beeinflußt ein Kind in nahezu allen Lebensbereichen – in der Art, wie es sich kleidet und redet, in seinem Gesichtsausdruck, in seinen beruflichen Zukunftsaussichten und sogar im Hinblick auf seine zukünftige Ehe.

In meiner seelsorgerlichen Betreuung von kleinen Kindern, Teenagern und Erwachsenen ist mir bewußt geworden, daß manche Menschen scheinbar zum Versagen vorprogrammiert wurden. Aber ich habe auch festgestellt, daß wir etwas tun können, um das Niveau des Selbstwertgefühls eines Menschen anzuheben.

Es ist entscheidend wichtig, daß wir als Eltern dafür sorgen, daß unsere Kinder zumindest eine Freizeitbeschäftigung haben, bei der sie erfolgreich sind. Je mehr Erfolg sie in den verschiedensten Aktivitäten haben, desto mehr wird ihr Selbstwertgefühl gesteigert. Wir sollten ihnen dazu verhelfen, wenigstens bei einer Aktivität einen Erfolg zu verbuchen, sei es nun, daß sie Trompete spielen, schwimmen, malen oder sonst irgend etwas unternehmen. Ein Kind sagt vielleicht: „Ich kann das nicht." Trotzdem müssen wir eine Aktivität oder Sache finden, für die sich unser Kind interessiert. Dann müssen wir ihm klarmachen, daß wir davon überzeugt sind, daß es in der Lage ist, diese Aufgabe auch zu erfüllen.

Ich kann mich noch daran erinnern, wie mich mein Basketballtrainer an der High School eines Tages anschrie, ich sei zu langsam. Es dauerte Jahre, bis ich mich von der Erinnerung an diese Worte befreit hatte, die mir immer in den Ohren klangen: „Smalley, du bist zu langsam." Als ich anfangs auf der Aschenbahn lief, hatte ich Schwierigkeiten beim Laufen, weil ich ständig daran denken mußte, daß ich zu langsam bin. Mein niedriges Selbstwertgefühl behinderte mich in meiner Fähigkeit zu laufen.

8. Belohnen Sie Ihre Kinder.

Eltern, die versuchten, ihrer Tochter das Daumenlutschen abzugewöhnen, faßten den Entschluß, ihr jedes Mal, wenn sie eine Woche lang nicht am Daumen gelutscht hatte, eine kleine Überraschung zu machen. Wenn sie dreißig Tage lang nicht „rückfällig" geworden war, bekam sie eine noch größere Überraschung. Belohnungen können motivieren und zur Veränderung des Verhaltens beitragen – besonders bei kleinen Kindern.

Wir müssen natürlich aufpassen, daß Kinder nicht davon ausgehen, daß sie jedes Mal, wenn sie eine Leistung vollbracht haben (vor allem wenn es um die normalen Aufgaben im Haus geht), eine Belohnung erwarten können. Kinder müssen lernen, daß sie Teil einer Familiengemeinschaft sind und daß jeder an der Erledigung der Hausarbeit und den übrigen Arbeiten beteiligt wird, ohne irgendeine Belohnung erwarten zu können.

Als Greg fünfzehn Jahre alt war, entdeckten wir eine sehr effektive Art, ihn dafür zu motivieren, größere Arbeiten außerhalb des Hauses zu verrichten. Wir befestigten einfach eine Liste der zu erledigenden Aufgaben am Kühlschrank. Neben jeder Aufgabe stand die zu erwartende Belohnung. Die aufgeführten Arbeiten gehörten nicht zu den normalen Aufgaben im Haushalt, sondern hier waren Arbeiten vermerkt wie das Säubern der Garage, das Jäten von Unkraut im Garten und das Beschneiden der Bäume.

126

Jedes unserer Kinder hätte diese Aufgaben erledigen können, aber Greg war immer darauf bedacht, selbst soviele wie möglich zu erledigen. Unsere beiden anderen Kinder schien es nicht sonderlich zu stören, daß Greg das meiste Geld verdiente. Manchmal schrieben auch sie ihren Namen neben eine Arbeit, die zur Erledigung anstand, und fügten hinzu: „Hände weg! Das ist mein Job!"

9. Wenden Sie das Prinzip an: „Das kannst du doch gar nicht, oder?"

Was geht in Ihnen vor, wenn jemand zu Ihnen sagt: „Wahrscheinlich haben Sie ja keine Zeit hierfür" oder „Sie können das nicht tun, also werde ich einen anderen holen"? Empfinden Sie so wie ich, dann ärgern Sie sich über solche Aussagen. Also werden Sie schnell aufspringen und in Angriff nehmen, was immer getan werden muß. Diese Art von Motivation hat auch bei meinen Kindern sehr gute Erfolge. Ich brauche nur zu sagen: „Das bringst du wahrscheinlich nicht fertig" oder „Ich brauche jemand Starken. Wer könnte mir helfen?" Die Folge ist, daß die Kinder schnell zur Stelle sind und die Arbeit erledigen.

Die Leiterin der mathematischen Abteilung meines College rief mich eines Tages in ihr Büro und schlug mir vor, meine Entscheidung, Mathematik als Nebenfach zu nehmen, noch einmal zu überdenken. „Gary, ich weiß, du hast Schwierigkeiten mit der Differentialrechnung," sagte sie. „Ich bin nicht sicher, ob du mit den noch schwierigeren Kursen zurechtkommen wirst."

Ich kochte innerlich vor Wut und dachte: „Halt mal. Wollen Sie mir sagen, daß ich mit der Mathematik nicht klarkomme? Ich werde es Ihnen schon noch beweisen." Ich bat höflich um die Chance, beweisen zu können, daß ich es schaffen konnte. Sie gab mir diese Chance, und motiviert, intensiver zu lernen, machte ich mein Examen mit Mathematik als Nebenfach.

Wenn diese Technik auch sehr erfolgreich sein kann, muß sie doch vorsichtig angewandt werden. Bei einem Menschen mit einem geringen Selbstwertgefühl angewandt oder bei jemandem, der Schwierigkeiten hat, an sich selbst zu glauben, werden wir wohl nur erreichen, daß dieser Mensch noch entmutigter ist oder daß er sogar ganz aufgibt.

10. Bringen Sie Ihre Kinder mit Menschen zusammen, die Sie bewundern.

Die innere Motivation meiner Kinder ist dadurch sehr gestiegen, daß ich sie mit einigen erfolgreichen Leuten zusammengebracht habe. Ich habe bei mehreren Konferenzen für Berufssportler Vorträge gehalten, und dadurch lernten meine Kinder Bob Breunig, den Verteidiger der professionellen Footballmannschaft aus Dallas, kennen. Bob und Mary Breunig können jederzeit mit meiner Tochter Kari über irgendein Thema reden, sie hört aufmerksam zu. Dasselbe geschieht bei Steve Largent, dem Verteidiger der Mannschaft von Seattle. Unsere Kinder wissen von Steves persönlichem Glauben an Jesus Christus. Wenn Steve sich die Zeit nimmt, um mit unseren Kindern zu plaudern, behalten sie alles im Gedächtnis, was er gesagt hat, und sind durch seine ermutigenden Worte sehr motiviert. Sie vergessen solche besonderen Begegnungen nicht so schnell.

Chuck Snyder, ein erfolgreicher Geschäftsmann, besucht uns jährlich einige Male. Wenn er zu uns kommt, lädt er Kari meist zum Mittagessen ein. Jedes Mal, wenn er sie nach Hause bringt, ist es ganz offensichtlich, daß Chuck ihr Leben beeinflußt hat. Er hört ihr zu, lobt sie und ermutigt sie sehr.

Vor nicht allzulanger Zeit bat ich Chuck, Kari zu helfen, einige ihrer Lebensziele zu klären. Als sie von diesem Mittagessen nach Hause kam, erklärte sie begeistert, sie wisse jetzt genau, welche Ziele sie habe. Die Auswirkungen dieses Zusammenseins waren erstaunlich. Sie steckte sich nicht nur selbst Ziele, sondern begann auch, uns allen mit unseren Lebenszielen zu helfen. Ihre Motivation verdreifachte sich nach diesem Treffen mit Chuck. Ein Essen und ein Gespräch mit solchen Menschen ist eine solch inspirierende und begeisternde Erfahrung für meine Kinder. Ich bin nicht sicher, ob ich denselben unmittelbaren Einfluß auf sie haben könnte.

Sie sagen jetzt vielleicht: „Nun gut, das ist schön für Sie. Sie kennen einige erfolgreiche Menschen, aber was soll ich machen? Ich habe keine solchen Bekannten."

Sie könnten z.B. einmal Ihren Pastor zum Abendessen einladen. Bereiten Sie sich auf diese Zeit besonders vor, indem Sie ihn bitten zu erzählen, wie es dazu kam, daß er Pastor wurde. Sorgen Sie dafür, daß das Gespräch nach dem Essen für Ihre Kinder interessant wird. Wenden Sie sich mit dem gleichen Anliegen einmal an einen Geschäftsmann oder an eine bekannte Persönlichkeit Ihrer Stadt oder Gemeinde. Lassen Sie diese Führungskräfte wissen, welche Ziele Sie mit dem Treffen verfolgen. Sie könnten auch einen pensionierten Missionar oder Politiker zu sich nach Hause einladen oder nehmen Sie Ihre Kinder mit in ein Gefängnis. Bitten Sie einen der Aufseher, Ihren Kindern zu erzählen, wie einige der Häftlinge in Schwierigkeiten geraten sind. Versuchen Sie, wenigstens zwei- oder dreimal im Jahr ein Treffen mit einem solchen Menschen zu verabreden.

11. Seien Sie hartnäckig.

Wir Eltern werden nie ermessen können, wie motivierend Hartnäckigkeit und Beharrlichkeit sein können. Aber dieses Wissen darf uns nicht dazu verführen, Hartnäckigkeit mit ständigem ‚Herumreiten' auf einer Sache zu verwechseln. Dieses ständige Nörgeln und Herumhacken ist negativ. Jemand wird kritisiert, weil er sich nicht so verhält, wie wir es gerne von ihm hätten. Dieses Herumnörgeln zeigt meist unsere Selbstsucht: „Du hast immer noch nicht angefangen, dein Zimmer aufzuräumen? Gestern hast du es auch nicht aufgeräumt. Wann wirst du je wieder Ordnung in dieses Zimmer bringen?" Dasselbe Thema und derselbe Tonfall, die immer wieder wiederholt werden, können bei Kindern zu Widerstand führen und schließlich sogar ihr Selbstwertgefühl herabsetzen. Allmählich glauben sie das, was sie ständig zu hören bekommen: „Ich kann nichts richtig machen."
Hartnäckigkeit bedeutet statt dessen, daß wir auf kreative und begeisternde Weise ein Thema anschneiden, das wir für wichtig halten. Wir erwähnen es auf verschiedene Weise, zu verschiedenen Zeiten.
Vor vielen Jahren kam ich zu dem Schluß, daß jeder in unserer Familie, mich eingeschlossen, viel zuviel fernsieht. Wir waren richtig „süchtig". Ich schaute mir zuviele Sportsendungen an, die Kinder zuviele Zeichentrickfilme, Norma zuviele Fern-

sehserien. Ich fühlte mich sehr unwohl in meiner Haut, als ich merkte, wie sehr das Fernsehen unser Leben im Griff zu haben schien. Jedes Mal, wenn ich dieses Thema zur Sprache brachte, wurde ich jedoch nur belächelt. Bald merkte ich, daß das meine Schuld war. Ich machte Bemerkungen wie: „Laßt uns aufhören, soviel fernzusehen" oder „Dieser Fernseher sollte verschwinden." Sie erreichten nur, daß die anderen mir gegenüber negativ eingestellt waren und mir dies auch zeigten. Keiner war motiviert, sich zu ändern.

Als ich erst einmal meinen Fehler eingesehen hatte, faßte ich den Entschluß, in ruhiger und liebevoller Weise hartnäckig zu sein. Ich sagte z.B.: „Ich wäre wirklich sehr dankbar, wenn wir weniger Zeit vor dem Fernsehgerät verbringen würden" und griff wochenlang diese Thema nicht mehr auf, weil ich auf niemanden Druck ausüben wollte. Nach ein paar Wochen sagte ich wieder etwas darüber, wieviel wir fernsehen, ließ es aber auf dieser Bemerkung beruhen.

Um selbst ein Vorbild zu sein, fing ich an, weniger Zeit vor dem Fernsehgerät zu verbringen. Oft las ich ein Buch in einem anderen Zimmer. Jedoch achtete ich sehr darauf, jetzt nicht den Besseren, den „guten Mann" zu spielen. Von Zeit zu Zeit sah ich mir einige Programme an, die jedoch sorgfältig ausgewählt waren. Ich machte eines Abends nach dem Essen eine sehr wirkungsvolle Bemerkung, was ich jedoch erst viel später bemerkte. Ich ließ die Bemerkung fallen, daß es mich sehr glücklich machen würde, wenn wir eines Tages in einem Haus leben könnten, wo wir kein Fernsehgerät mehr bräuchten, weil wir auch ohne es sehr glücklich wären. Und ich fügte hinzu: „Das ist wahrscheinlich nicht möglich."

Ungefähr ein Jahr später rief mich Norma an meiner Arbeitsstelle an. Sie sagte, daß sie und die Kinder eine große Überraschung für mich hätten. Als ich die Haustür öffnete, kicherten die Kinder, und Norma lächelte. Ich schaute mich kurz im Haus um, konnte aber keine Überraschung entdecken.

„Kannst du es nicht sehen, Vati?" schrien die Kinder.„Kannst du es denn wirklich nicht sehen?" Nein, ich konnte „es" nicht sehen. Schließlich zeigten sie auf den Tisch, auf dem unser Fernsehgerät seinen Platz hatte. Der Tisch war leer.

„Was hältst du davon, Vater?" fragten sie. Ich war sprachlos. Sie hatten das Fernsehgerät auf den Speicher gebracht. Sie wollten ihre „Sucht" wie ein Drogenabhängiger von heute auf morgen, ohne jede medikamentöse Hilfe überwinden. Sie wollten das Fernsehen vergessen, zumindest solange, bis sie diese „Gewohnheit" im Griff hatten.

Ich war überwältigt und wollte sofort etwas für sie tun, da sie um meinetwillen ihre Lebensgewohnheiten geändert hatten. Ich griff zu meiner Brieftasche und sagte: „Laßt uns alle gut essen gehen."

Ihre Reaktion erstaunte mich wieder. Sie wollten nicht für ihre Leistung bezahlt werden. Sie hatten den Fernseher nicht mit dem Gedanken an eine Belohnung weggestellt. Sie sagten mir, sie hätten es aus Achtung vor meinen Gefühlen getan. Sie taten es aus Liebe, und ich konnte sie in dem fühlen, was sie getan hatten. Ich hatte auch nie den Eindruck, daß sie sich irgendwie gezwungen fühlten, das Fernsehgerät wegzuräumen. Nach ungefähr einem Jahr kam dieses an seinen Platz zurück. Jetzt sehen wir uns gelegentlich Sendungen an, aber das Fernsehen beherrscht nicht mehr unser Leben – wir beherrschen es.

12. Zeigen Sie Begeisterung.

Morgens aufzuwachen, gehörte noch nie zu den Höhepunkten meines Tages. Ich gehöre zu den Menschen, die sich selbst zur Dusche schleppen müssen, um aufzuwachen. Norma dagegen gehört zu denjenigen, die jeden Morgen mit einem Lächeln auf dem Gesicht aufwachen. Sie beginnt zu singen, sobald sie aufgestanden ist. Sie denkt sich sogar selbst Lieder aus. Sie ist so begeistert, einen neuen Tag zu erleben, daß ihre Begeisterung das ganze Haus erfüllt. Ihre positive Einstellung beeinflußt die ganze Familie, und es fällt jedem leichter aufzustehen, zur Schule oder zur Arbeit zu gehen oder der jeweiligen Tätigkeit nachzugehen.

In der Nähe einer begeisterten Person zu sein, ist, als ob man sich neben jemand aufhalten würde, der aus vollem Hals lacht. Es ist ansteckend. Selbst wenn man nicht weiß, worüber derjenige lacht, fängt man unwillkürlich an zu schmunzeln, dann lächelt man leise vor sich hin und nicht lange danach fängt man selbst an zu lachen.

Ich habe die Feststellung gemacht, daß meine Familie, wenn ich wirklich von etwas begeistert bin, auch über kurz oder lang davon begeistert ist.

In einem Jahr versuchte ich mehrere Monate lang meine Familie zu überzeugen, vier Wochen in einem bestimmten Freizeitlager zu verbringen. Aber keiner interessierte sich dafür. Wann immer ich dieses Freizeitlager zur Sprache brachte, schlug mir Desinteresse entgegen. Eines Tages traf ich einen Musiker, der einige Zeit dort verbracht hatte. Er gab mir alle Informationen, die ich brauchte. An diesem Abend telefonierte ich ganz begeistert nach Hause und bat jeden mitzuhören.

„Seid ihr bereit?" fragte ich. „Hört mal zu, was ich über einen fantastischen Ort gehört habe." Ich beschrieb das Lager in allen Farben. Ich erzählte ihnen im Detail von all den tollen Möglichkeiten dort: dem Essen, den Seen, den Rutschbahnen und den riesigen Wasserbällen. Als ich fertig war, fragte ich: „Habt ihr je von einem solch tollen Ort gehört?" Ihre Antwort war: „Nein". Sie wollten mehr darüber hören, so sagte ich ihnen, daß dies derselbe Ort war, von dem ich immer schon gesprochen hatte. An diesem Abend meldeten wir uns alle dort an. Begeisterung ist ansteckend!

13. Entwickeln Sie starke innere Überzeugungen.

Ich glaube, daß es sehr wichtig ist, daß Eltern von Zeit zu Zeit ihre Überzeugungen neu überdenken und auswerten. Was, glauben wir, ist für unsere Familie richtig und was falsch? Was ist für unsere Kinder richtig und was falsch? Was sagt die Bibel über die richtigen Verhaltensweisen, und welches Verhalten widerspricht Gottes Geboten?

Eine durchschnittliche Frau hat wahrscheinlich keine Ahnung, welchen enormen Einfluß sie hat und wie sehr sie motivieren kann, wenn sie starke Überzeugungen hat. Das Alte Testament spricht von einer „tugendhaften" Frau. Es steht dort, daß man, wenn man eine solche Frau gefunden hat, eine Frau hat, die wertvoller ist als Perlen und Juwelen. Im Hebräischen hat eine „tugendhafte" Frau starke Überzeugungen und übt wegen dieser Überzeugungen einen starken Einfluß aus.

Wenn eine Frau glaubt, daß es z.B. für ihre Kinder wichtig ist, gewisse Kommunikationsfähigkeiten zu erlernen, wird sie wahrscheinlich Zeit darauf verwenden, Informationen darüber zu sammeln, wie sie ihren Kindern diese Fähigkeiten vermitteln kann. Sie wird ständig „wachsam" sein für alles, was ihr beim Erreichen ihres Zieles behilflich sein könnte. Ihre Überzeugung, daß es für ihre Kinder wichtig ist, diese Fähigkeiten zu erlernen, erhöht die Wahrscheinlichkeit, daß sie sie tatsächlich lernen werden.

Dies ist einer der Hauptgründe, warum Kinder von ihren Eltern auch ohne Worte lernen. Wenn Eltern etwas gut finden, was ihre Kinder tun, freuen sie sich darüber, und das zeigt sich in ihren Augen, in ihrem Gesichtsausdruck, in nonverbalen Handlungen. Unsere Kinder verstehen diese nonverbale Kommunikation, und sie werden von dieser Freude angesteckt. Wenn wir jedoch unzufrieden sind, wird sich das in einem negativen Gesichtsausdruck zeigen z.B. Stirnrunzeln.

Nonverbale Kommunikation kann für Kinder sehr motivierend sein, weil sie sehr auf unseren Gesichtsausdruck und auf unsere Körpersprache achten. Je stärker unsere Überzeugungen, desto mehr werden wir diese Überzeugungen ohne Worte vermitteln.

Denken Sie einmal darüber nach, wieviele Menschen einen bleibenden Eindruck in Ihrem Leben hinterlassen und Sie beeinflußt haben. Es waren wahrscheinlich Menschen mit starken inneren Überzeugungen. Dasselbe gilt auch für uns. Je stärker unsere Überzeugungen, desto größer wird unser Einfluß auf die Menschen um uns her.

Als ich mich mit einigen der Footballspieler der Dallas Cowboys unterhielt, erfuhr ich, daß ihr Trainer Tom Landry sehr genaue Vorstellungen darüber hat, wie Football gespielt werden sollte. Er hat auch genaue Vorstellungen davon, wie die Verteidigung und der Angriff aufgebaut werden sollten. Die Spieler sagen, daß sie seine Überzeugungen richtig spüren können. Selbst die Fernsehzuschauer können seine Ernsthaftigkeit spüren, wenn die Kamera an Sonntagnachmittagen die Trainerbank streift.

14. Benutzen Sie Verträge.

Das 4. Kapitel behandelte näher, wie wir unsere Kinder beim Aufsetzen der Verträge mitarbeiten ließen. Wir haben festgestellt, daß es eine große Motivation für ein Kind ist, wenn es sich an einen Vertrag hält, den es selbst mit ausgearbeitet hat. Wir haben beobachtet, wie sich das Leben unserer Kinder verändert hat, weil sie den Vertragsbedingungen zugestimmt haben. Zum Beispiel entschied Greg von sich aus (natürlich mit unserer Zustimmung), eine andere Schule zu besuchen, nachdem wir einen Vertrag festgesetzt hatten, in dem die wesentlichen Gründe aufgeführt wurden, warum Kinder eine Schule besuchen. Nachdem er den fertigen Vertrag sah, schlug er vor, eine Veränderung vorzunehmen. In der Schule, die er zu dieser Zeit besuchte, waren wichtige Bereiche, die wir in den Vertrag aufgenommen hatten, nicht vorhanden. Hier ist ein Auszug aus diesem Vertrag:

Eine Schule sollte folgendes umfassen:

– Aktivitäten, bei der die ganze Familie beteiligt ist;
– Schüler, mit denen ich enge Freundschaften schließen kann, weil sie viel mit mir gemeinsam haben;
– eine Atmosphäre, in der Schüler miteinander beten und sich über ihren Glauben an Gott austauschen können.

Viele andere Faktoren spielten auch noch eine Rolle. Andere Punkte wurden von unseren anderen Kinder dieser Liste hinzugefügt. Wir wählten gemeinsam die Schule aus, von der wir glaubten, daß sie unseren Bedingungen, die wir an eine Schule stellen, am nächsten kam.

15. Ermutigung durch Gleichaltrige.

Als Greg zu einer neuen High School ging, wollte er bei der Basketballmannschaft mitspielen. Aber er hielt sich zurück, weil er glaubte, nicht gut genug zu sein. Während seines ersten Schuljahres an dieser Schule, aß er mit einigen der Spieler zu Mittag und spielte nach der Schule mit ihnen Basketball. Als die

Spieler Greg sagten, er solle sich ihnen anschließen, war ihre Ermutigung genau die Motivation, die er dringend brauchte. Er willigte ein und im folgenden Jahr wurde er in die Mannschaft aufgenommen.

Kari machte ebenfalls eine Erfahrung, die im Handumdrehen ihr Leben veränderte. Eines Abends, als ich sie von der Turnhalle abholte, sagte sie mir, sie wolle ihr Basketballspiel aufgeben. Sie erklärte: „Ich habe jetzt die Nase voll. Ich kann einfach kein Basketball spielen!" Die vorderen Türen der Schule waren verschlossen; deshalb mußten wir um die ganze Schule herumlaufen und kamen bei den Umkleidekabinen der Jungen vorbei. Als die Basketballmannschaft der Jungen Kari sah, drückten sie ihre Begeisterung darüber aus, daß sie versuchte, Basketball zu spielen. Sie klopften ihr auf die Schulter und sagten: „Hey, Kari, das schaffst du, ist doch klar!" Dreißig Sekunden später, als wir im Auto saßen, sagte sie: „Vati, ich mag Basketball sehr. Ich weiß gar nicht mehr, warum ich es eben aufgeben wollte."

16. Sorgen Sie für eine positive Erfahrung.

Oft befürchten wir, daß unsere Kinder negative Erfahrungen machen oder versagen könnten, wenn sie mit einer bestimmten Freizeitaktivität beginnen. Es fehlen ihnen grundlegende Fähigkeiten oder Kenntnisse. Wir haben dieses innere Gefühl, das uns sagt: „Ich glaube nicht, daß sie das können" oder „Ich glaube nicht, daß sie dafür schon reif genug sind."

In solchen Fällen wäre es, so glaube ich, für uns als Eltern richtig, einzugreifen, um unseren Kindern zu helfen, das Wissen und die Fähigkeiten zu bekommen, die sie brauchen; und dies, bevor sie mit einer Sache beginnen, die sicher zum Scheitern verurteilt ist.

17. Warten Sie, bis Ihre Kinder von sich aus handeln.

Von Zeit zu Zeit müssen Eltern ihren Kindern „ein Licht aufgehen lassen". Aber es gibt auch Zeiten, in denen wir einfach warten müssen, bis unsere Kinder selbst sehen, was wir schon sehen können. Wir haben z.B. festgestellt, daß es manchmal die

Kinder motiviert, wenn wir ihnen über eine gewisse Zeit nicht vorschreiben, ihr Zimmer in Ordnung zu halten. Am Ende werden sie selbst böse, weil sie den Kontrast zwischen ihrem unordentlichen Zimmer und den anderen aufgeräumten Zimmern im Haus sehen. Es dauert dann nicht lange, bis ihnen diese Unordnung überdrüssig und ihr Zimmer aufgeräumt wird. Wenn ein Kind noch nie Unordnung und Durcheinander erlebt hat, fällt es ihm schwerer, die Ordnung zu schätzen.

Es stimmt natürlich auch, daß einige Kinder nie ohne die Anweisung ihrer Eltern ihre Zimmer aufräumen werden. Aber der Hauptgedanke hier ist, daß wir einem Kind Zeit geben, von sich aus das gewünschte Verhalten in die Wege zu leiten.

18. Verantwortung und Unterstützung.

Anderen unsere Ziele mitzuteilen – sei es nun Familienangehörigen oder Freunden –, motiviert uns, diese auch zu erreichen, weil wir wissen, daß wir zur Rechenschaft gezogen werden. Ein Gefühl des Unbehagens wird in uns hervorgerufen, wenn wir diese Ziele, die andere, die wir mögen, auch kennen, nicht erreichen. Dieses Gefühl, daß wir für unser Verhalten verantwortlich sind, kann, wenn es mit Unterstützung und Liebe gekoppelt ist, ein enormer Motivationsfaktor sein.

Wenn wir entmutigt oder enttäuscht sind, weil wir das nicht erreicht haben, was wir wollten, wird die Unterstützung unserer Familie oder Freunde neue Energie in uns freisetzen. Diese Energie treibt uns nach vorn, selbst wenn es manchmal einfacher wäre aufzugeben. Wenn jemand zu uns sagt: „Wie kommst du voran?" oder „Das schaffst du schon" kann uns das die notwendige Motivation geben.

19. Zärtlichkeit und Zuhören.

Kinder können aus verschiedensten Gründen entmutigt sein – eine Verletzung, zu wenig Fortschritte, das Wissen, daß es immer jemanden gibt, der noch ein kleines bißchen besser ist. All dies kann dafür sorgen, daß ein Kind die Lust und die Energie verliert. Am einfachsten bekommt ein Kind diese Energie zurück, wenn jemand liebevoll den Arm um es legt, seine Hand in die seine nimmt oder ihm liebevoll auf den Rücken klopft. Wenn jemand wirklich zuhört, wie es sich fühlt, bekommt das Kind neue Energie, die es motiviert, die Sache an dem Punkt wieder aufzunehmen, wo es sie sonst entmutigt aufgegeben hätte.

Als ich für meinen ersten Marathonlauf trainierte, lief ich am Rande einer großen Hauptverkehrsstraße in Portland, Oregon. In Gedanken verloren, zuckte ich zusammen, als ein Autofahrer mir seine zusammengeballte Faust zeigte. Es schien zuerst eine Feindseligkeit gegen diese dummen Marathonläufer zu sein. Dann sah ich sein Lächeln und hörte ihn rufen: „Vorwärts! Sie schaffen es schon!" Tränen traten mir in die Augen, als er weiterfuhr, und eine neue Energie durchströmte meinen Körper. Ich sprang im wahrsten Sinne diese Straße hinunter. Eine solche Unterstützung ist im höchsten Grade motivierend.

Wenn ein Kind entmutigt ist, versuchen Sie, es zu berühren und ihm liebevoll zuzuhören. Sie könnten z.B. sagen, während sie ihren Arm um es legen: „Erzähl mir alles. Du bist heute sehr traurig, nicht wahr? Möchtest du mit mir darüber reden?" oder „Ich weiß, daß es schwer ist, aber du schaffst es."

Wenn Sie Ihr Kind zärtlich berühren, nehmen Sie nicht nur an seinen Problemen teil, sondern geben ihm dadurch auch neue Kraft. Dies unterscheidet sich davon, Mitleid zu haben, was Sie beide nur hinunterziehen würde. Sie sind zärtlich zu ihm, um ihm zuzuhören und ihn zu verstehen.

Nachdem Sie das getan haben, sollten Sie etwas Zeit verstreichen lassen, bevor Sie Ihrem Kind sagen, wie es den eingeschlagenen Kurs wieder aufnehmen kann. Manchmal versuchen wir, alles zu schnell zu regeln, und dadurch zerren wir unnötig an den Kräften unserer Kinder. Wir sollten ihnen Zeit geben. Sie werden überrascht sein, wieviel Kraft alleine die Zärtlichkeit und das liebevolle Zuhören Ihren Kindern geben kann.

Bei jedem Motivationsversuch dürfen wir allerdings nie vergessen, daß bleibende Motivation von dem Kind selbst kommen muß. Motivationsmethoden wie Zwang, Drohungen und Bestechungen sind nur kurze Zeit erfolgreich. Unsere Aufgabe als Eltern besteht darin, unseren Kindern zu helfen, sich Ziele zu setzen und genug an sie zu glauben, um mitzuerleben, wie sie verwirklicht werden. Wir sollten, wo immer es möglich ist, ihnen mit unseren Mitteln helfen, diese Ziele zu verwirklichen.

7

Das Geheimnis einer eng zusammengewachsenen Familie

Die Muskeln meines linken Oberschenkels begannen, mir weh zu tun. Schmerz schoß vom Knie nach oben, als ich mich an der 15-Meilengrenze vorbei quälte. Ich lief schon seit zwei Stunden, und bis jetzt hatte die Begeisterung über meinen ersten Marathonlauf mir Kraft gegeben weiterzumachen. Aber jetzt bekam ich Zweifel, als mich mehrere Läufer überholten. Ich hatte mich in der vergangenen Woche körperlich zu sehr angestrengt, und ein schrecklicher Muskelkater machte sich bemerkbar. So tauchte bei mir die Frage auf, ob ich überhaupt bis zum Ziel durchhalten würde.

Die Gesichter der Menge, die die Straße säumten, nahm ich nur verschwommen wahr. Ich vernahm die Anfeuerungsrufe der Zuschauer fast nicht mehr. Dann durchbrachen die Worte „Vater, das machst du super!" den Nebel. Meine gesamte Familie – Norma, Kari, Greg und Michael – riefen und winkten mir zu. Als ich an ihnen vorbeilief, gesellten sie sich zu mir und liefen eine Weile neben mir her. Ihre Begeisterung gab mir einen neuen Aufschwung und neue Kraft. Norma und Kari liefen nur einige Schritte mit und sagten, sie würden mich am Ziel treffen. Aber Michael und Greg wollten mir noch länger Gesellschaft leisten.

Der Schmerz in meinem Bein ließ nach, als ich mich über diese besondere Zeit mit meinen Jungen freute. Ich war zu müde, um während des Laufens mit ihnen zu sprechen, aber ihre Anwesenheit trug wesentlich dazu bei, daß es mir wieder sehr gut ging. Nach drei weiteren Meilen war Michael – damals erst neun Jahre alt – offensichtlich zu müde, um weiterzumachen. Ich verabschiedete mich zunächst an einer Straßenecke von ihm und sagte ihm, er solle auf seine Mutter warten, die ihn abholen würde.

Fast zwei Stunden später beendete ich den Lauf im Beisein von Greg, der kurz hinter mir das Ziel erreichte. Sehr froh über meine Leistung holte ich mir mein T-Shirt und meine Urkunde ab und genoß es, von Norma und Kari beglückwünscht und umarmt zu werden. Es bedurfte einiger Zeit, bis ich bemerkte, daß ihre Gesichter voller Sorge waren. „Es geht mir gut", sagte ich ihnen, aber ihre Sorge hatte eine andere Ursache.

Norma nahm mich beim Arm und zog mich einige Meter von unseren beiden Kindern weg. „Wir haben Michael verloren", sagte sie. „Wir vermissen ihn seit über zwei Stunden."

Ich erinnerte mich an die unzähligen Menschen, die die Straßen säumten, und war fortan sehr um unseren kleinen blonden, blauäugigen Jungen besorgt. Mir kamen die Zeitungsberichte über einen Kindesentführer in den Sinn, der in dieser Gegend Kinder belästigt und mißhandelt hatte. Ich stellte mir die bange Frage, ob Michael das nächste Opfer werden könnte.

Wir eilten zum nächsten Polizeiauto und gaben eine Vermißtenanzeige auf. Als ich meine Beschreibung dort abgegeben hatte, bat mich Greg, mit mir allein reden zu können. Er sah mir in die Augen und sagte sehr liebevoll: "Vater, wenn wir Michael nicht wiederfinden, kann ich dann sein Zimmer haben?"

Greg war immer schon in der Lage gewesen, uns in angespannten Situationen zu „beruhigen". Ich war jedoch froh, daß Norma Gregs Kommentar zu dieser Situation nicht zu hören bekam, denn sie hätte ihn wahrscheinlich nicht so, innerlich schmunzelnd, aufgenommen, wie ich das tat. Aber ich war jetzt entspannter, und die Situation klärte sich ein paar Minuten später, als Michael zu uns fand. Er kam mit einigen der letzten Läufern ins Ziel.

An diesem Abend waren wir alle in der Lage, über dieses Ereignis zu lachen. Mir wurde klar, daß dies ein weiteres Beispiel für das Geheimnis unserer eng zusammengewachsenen Familie war. Dieses Geheimnis ist nach meinen Beobachtungen in jeder eng zusammengewachsenen Familie zu finden.

Dr. Nick Stinnett von der Universität in Nebraska führte eine das ganze Land umfassende Studie bei mehreren Familien durch, die gemeinsam ein hohes Maß an Freude und ein sehr gutes Eltern-Kind-Verhältnis hatten. Die Studie beschränkte sich ausschließlich auf Familien, die wenigstens ein Kind hatten. Das Geheimnis einer großen Nähe und Stabilität in einer Familie verwirklicht sich aber auch in einer Familie mit nur einem Elternteil.

Sechs Merkmale einer eng zusammengewachsenen Familie

Dr. Stinnett entdeckte bei diesen Familien sechs übereinstimmende Merkmale. Das erste Merkmal war, daß Familienmitglieder einander in hohem Maße Anerkennung entgegenbringen. Einige Familien planten sogar besondere Zeiten in der Familie ein, in denen sie sich darauf konzentrierten, einander zu loben. Eine fünfköpfige Familie hatte z.B. regelmäßig einen solchen Familienabend, den Dr. Stinnett „Bombardierung" nannte. Alle paar Monate setzten sich alle Familienmitglieder zusammen, und jedem fiel eine Minute lang die Aufgabe zu, jedes andere Familienmitglied zu loben. Manchmal ging es in diesen Sitzungen etwas peinlich zu, aber immer waren sie sehr ermutigend und aufbauend.

Das zweite Merkmal bestand darin, daß diese Familien viel Zeit miteinander verbrachten. Sie genossen es zusammenzusein und waren bemüht, Dinge zu tun, bei denen alle Familienmitglieder einbezogen waren.

Das dritte Merkmal war, daß in diesen Familien eine gute Kommunikation untereinander bestand. Sie verbrachten viel Zeit damit, miteinander zu reden. Dr. Stinnett stellte fest, daß der Schlüssel zu wirksamer Kommunikation in einer Familie darin lag, daß alle Familienmitglieder einander zuhörten und ernsthaft darum bemüht waren, einander zu verstehen.

Als viertes Merkmal ist zu nennen, daß die Familien ein starkes Verantwortungsgefühl füreinander empfanden. Sie förderten aktiv die Zufriedenheit und das Wohlergehen des anderen. Ein Beispiel für dieses gegenseitige Verantwortungsgefühl zeigte sich darin, wie diese Familien in hektischen Zeiten miteinander umgingen, wenn ihnen weniger Zeit für gemeinsame Aktivitäten verblieb. In einer Familie erstellte jedes Familienmitglied eine Liste seiner Aktivitäten. Weniger wichtige Aktivitäten bzw. Aufgaben wurden gestrichen, damit mehr Freiraum für gemeinsame Aktivitäten mit der Familie zur Verfügung stand.

Die fünfte Gemeinsamkeit bei diesen Familien war ein großes christliches Engagement. Die Familien nahmen gemeinsam an kirchlichen Veranstaltungen teil. Sie hatten einen christlichen Lebensstil.

Schließlich waren diese Familien in der Lage, mit Krisen positiv umzugehen. Das bedeutete nicht, daß sie sich über Krisen besonders freuten, sondern daß sie selbst in den schlimmsten Situationen immer noch ein positives Element – und war es auch noch so klein – finden und sich darauf konzentrieren konnten.

Ich möchte mich jetzt im Schlußteil dieses Buches auf zwei dieser Merkmale konzentrieren, die ich als die wichtigsten einstufe. Gemeinsam bilden sie das Geheimnis, um zu einer Familie zusammenzuwachsen:

1. In einer eng zusammengewachsenen Familie verbringt man viel Zeit miteinander. Das bildet die Basis einer solchen Familie.
2. In einer eng zusammengewachsenen Familie kann man mit Krisen positiv umgehen.

1. Gemeinsame Erfahrungen miteinander machen.

Mir fiel bei einer Vortragsreihe auf, daß einige Familien unter den Zuhörern eine besonders fröhliche Beziehung untereinander hatten. Das faszinierte mich, und ich wollte der Sache auf den Grund gehen. Ich stellte allen Familienmitgliedern in Einzelgesprächen immer wieder dieselbe Frage: „Was ist deiner Meinung nach der Hauptgrund, warum ihr als Familie so eng verbunden und so glücklich seid?"

Was ich herausfand, erstaunte mich sehr. Jedes Familienmitglied gab im Grunde dieselbe Antwort: „Wir unternehmen sehr viel gemeinsam."

Eine besondere Aktivität war allen Familien gemeinsam – sie zelteten oft miteinander. Ein Pastor aus South Dakota wiederholte denselben Gedanken. Er erzählte mir, daß er jedes seiner Kinder einzeln befragt habe, was ihnen in ihrer Familie von den

gemeinsamen Aktivitäten am besten gefallen habe. Alle antworteten: „Camping". Ich bin nicht unbedingt ein Verfechter
des Campings. Wir zelten als Familie seit über fünfzehn Jahren
zusammen und haben festgestellt, daß das Zelten alleine noch
nicht das Geheimnis ist. Aber ich glaube, daß das Geheimnis
einer eng zusammengewachsenen Familie fast immer beim
Zelten gefunden werden kann.

Ein Grund, warum wir uns als Familie so nahestehen, ist, daß
wir soviel Zeit wie möglich miteinander verbringen und die
Zeiten, in denen wir nicht zusammen sind, auf ein Minimum
beschränken. Ich will damit nicht sagen, daß keiner von uns
alleine sein kann. Ich arbeite den ganzen Tag. Meine Frau küm-
mert sich um unser Büro. Unsere Kinder gehen zur Schule.
Meine Frau schwimmt und turnt gerne. Ich lese gerne in Ruhe
ein Buch oder schaue mir alleine eine Sendung im Fernsehen
an. Ich jogge auch gerne alleine. Wir gehen in unserer Familie
tagsüber meist getrennte Wege.

Aber wir sind bemüht, uns als Familie zu disziplinieren, um
Zeiten zu organisieren, wo wir alle zusammen sind. Freitag
abends ist z.B. immer unser Familienabend. Wir nehmen auch
gemeinsam an kirchlichen Veranstaltungen teil und besuchen
zusammen Freunde. Wir verbringen den ganzen Sommer
zusammen. Meine Familie fährt mit mir zu den verschiedenen
Seminaren, bei denen ich einen Vortrag halten muß, und wir
planen immer einen Sommerurlaub. An Weihnachten verbringen wir zwei, an Ostern eine Woche gemeinsam. Die
Wochenenden im ganzen Jahr sind für besondere Aktivitäten
reserviert. Aufgrund meines Berufs bin ich in der Lage, mit
meiner Familie längere Zeit wegzufahren. Aber auch Tagesaus-
flüge können Gelegenheiten sein, sich näherzukommen. Man
muß nur ein wenig kreativ sein, um sich etwas Interessantes auszudenken, an dem die ganze Familie Freude hat. Das ist auf
jeden Fall möglich!

Dieses Prinzip trifft auch auf Eheleute zu, wenn sie etwas ohne
ihre Kinder unternehmen. Eng zusammengewachsene Ehen
sind das Ergebnis von Partnern, die viel miteinander erlebt
haben. In einem Sommer bat mich Norma, mit ihr in einen
Wildpark zu fahren. Ich nahm diesen Vorschlag mit Begeisterung an und lieh mir in dem Freizeitlager, wo ich Referate hielt,

einen Wagen. Als wir in dem Wildpark ankamen, gab man uns ein Heft, mit näheren Informationen über die Tiere. Darin wurde uns erklärt, daß wir im Notfall nur zu hupen bräuchten, damit uns ein freundlicher Aufseher zu Hilfe eilen würde.

Nachdem wir den halben Weg im Park zurückgelegt hatten, lief unser kleiner Wagen, ein Kabriolett, heiß. Wir fuhren an den Straßenrand, und ich hupte. Statt des freundlichen Aufsehers kamen mehrere Wildesel angerannt und versuchten nun, das Verdeck anzuknabbern. Ich hupte erneut und beobachtete im Rückspiegel, wie sich uns eine Herde Büffel näherte. Innerhalb kürzester Zeit waren wir umzingelt. Norma bat mich, noch einmal zu hupen. Aber ich hatte Angst, die Herde würde in Panik auf uns losstürmen und das Auto unter sich begraben. Einer der Büffel beugte sich auf meiner Autoseite herunter und hielt seinen Kopf gegen das Fenster. Sein Atem beschlug die Fensterscheibe, während seine großen braunen Augen Ausschau hielten, ob wir etwas Eßbares hatten. Norma und ich faßten uns bei den Händen und versuchten, einander zu beruhigen. Ich wagte nicht hinzusehen, fragte aber ständig: „Ist er schon weg?" „Nein", sagte Norma. „Kannst du bitte hupen?" „Ich kann nicht. Hör' doch mal, wie er atmet." „Das ist nicht er, das bin ich!"

Allmählich verlor der Büffel das Interesse an uns und lief davon. 45 Minuten nachdem wir angehalten hatten, gelang es uns, den Wagen wieder zu starten und die Strecke durch den übrigen Park zurückzulegen. Solche Erfahrungen, die wir als Paar oder als Familie gemeinsam machten, sind bleibende Erinnerungen. Diese gemeinsamen Erfahrungen ziehen Menschen näher zueinander.

Berufssportler haben mir erzählt, daß sie die Kameradschaft der Mannschaft nach dem Rückzug aus dem Sport am meisten vermißten und daß dies ihnen am schwersten gefallen sei. Diese einzigartige Verbundenheit wurde durch hartes Training und Wettkämpfe über Monate und Jahre aufgebaut. Eine solch enge Verbundenheit sollte auch bei jeder Familie zu finden sein.

In einem Sommer gingen meine Söhne und ich in der Nähe von Washington fischen. Wir stießen auf einen unglaublichen Wasserfall, der in ein schönes Becken fiel. Da ich seit der dritten

Schulklasse fischte, wußte ich, wie man in diesem Wasser Forellen fängt. Michael und Greg hatten noch nicht soviel Erfahrung, aber sie bestanden darauf, ihre Angeln selbst zu präparieren. Greg machte alles verkehrt. Seine Leitschnur war zu lang und zu dick. Sein Haken war viel zu groß, so daß sein einziger Köder ihn nicht bedeckte. Bei mir war alles genau richtig. Obwohl es mir schwerfiel, ließ ich die Jungen alleine und kraulte unter den Wasserfall, anstatt am vorderen Teil des Beckens zu bleiben, wo es keinerlei Chancen gab, einen Fisch zu fangen.

Ich hatte meine Angel ausgeworfen und bemühte mich, ganz still zu sein, als ich Greg schreien hörte. Er hatte eine 70 bis 75 cm große Regenbogenforelle am Haken. Ich, der „erfahrene" Angler in der Familie, hatte bisher nur ein einziges Mal in meinem Leben eine Regenbogenforelle gefangen. Greg hatte mit seiner „schlampig" aufgezogenen Angel das Unmögliche vollbracht.

Ich versuchte, zu Greg hinüberzuklettern, um ihm zu helfen, seinen Fang einzuholen. Aber die Felsen waren zu glitschig. Also versuchte ich, ihm von meinem Standort aus Anweisungen zu geben. Er war ganz aufgeregt, schrie und brachte seine Angel zu schnell ein. Ich versuchte, ihm klarzumachen, daß er langsamer an die Sache herangehen solle, aber er war zu aufgeregt, um mir zuzuhören. Als der Fisch fast an das Ufer herangezogen war und Greg ihn mit dem Netz fangen wollte, zerbrach der Angelhaken, weil er ihn nicht richtig befestigt hatte. Der Fisch schnellte ins Wasser zurück und schwamm davon. Greg schleuderte seine Angel hin, warf sich auf den Boden und fing an, bitterlich zu weinen.

Ich hatte Mitleid mit ihm. Wir beide hatten so sehr davon geträumt, diesen Fang einzuholen. In den fünf Jahren seit diesem Erlebnis hat Greg nie wieder einen Fisch wie diesen am Haken gehabt. Wir denken immer noch wehmütig an dieses Ereignis zurück, obwohl wir jetzt auch darüber lachen können. Ein anderes Ereignis, das unsere Familie näher zusammenbrachte, geschah in den Bergen des Sequoia Nationalparks in Kalifornien. Ein kleiner Bach, der über einen Felsen floß, der etwa so lang war wie zwei Häuserblocks, hatte eine natürliche riesige Wasserrutschbahn geschaffen. Diese Rutschbahn fiel schließlich etwas ab und landete in zwei Wasserbecken. Die Jungen und ich mußten diese Rutschbahn natürlich sofort ausprobieren.

Nachdem jeder einige Male hinuntergerutscht war, fragte Greg mich, ob ich ihm erlauben würde, hinunterzurutschen und sich in das kleinere Becken fallen zu lassen. Ich schaute mir noch einmal genau die Neigung und den Winkel der Bahn an und sagte: „Sicher, das kannst du gerne machen." Er rutschte hinunter und erreichte dabei eine höhere Geschwindigkeit, als wir erwartet hatten. Er flog über die Kante einer Klippe von etwa 1,80 m Höhe, was für Norma von ihrem Standort aus so aussah, als sei er den Berg hinuntergestürzt. Er schlug auf einem Stein auf und rollte weiter in ein großes Wasserbecken, wo er bewegungslos liegenblieb.

Michael und ich standen vor Angst wie erstarrt da. Kari und Norma schrien zu uns herüber, wir hätten Greg auf dem Gewissen. Schließlich rannte ich zu ihm hin. Ich hörte ihn murmeln, er habe das Gefühl, daß sein Rücken gebrochen sei. Es war fast unglaublich, daß er überhaupt noch lebte. Nach etwa zwanzig Minuten konnte Greg aufstehen und langsam den Berg hinaufgehen, und eine Stunde später war er wieder völlig in Ordnung.

Dieses Erlebnis hat in unserer Familie etwas bewirkt. Erstens haben wir es *gemeinsam* durchlebt. Dieses Zusammensein bildet die Grundlage für gemeinsame Erfahrungen, die zu wertvollen Erinnerungen werden können. Zweitens schweißt es eine Familie viel stärker zusammen, wenn sie Schwierigkeiten gemeinsam bewältigen. Dieses Erlebnis verhalf uns dazu, besonderen Wert auf die Zusammengehörigkeit als Familie zu legen, denn wir waren gezwungen, auch den Gedanken an ein Leben ohne Greg zuzulassen. Erinnerungen an gemeinsame Ferien, wo nicht alles unseren Vorstellungen entsprechend verlaufen ist, bzw. wo man ein Abenteuer zusammen bestanden hat, schweißen eine Familie zusammen. Im folgenden wird aufgezeigt, wie eine Familie näher zueinander findet, wenn sie schwierige Situationen gemeinsam bestehen lernt.

2. Mit Schwierigkeiten positiv umgehen.

Wenn wir zum Zelten fahren, können wir davon ausgehen, daß meist irgend etwas Unangenehmes passiert: Regen, Stechmücken, zu wenig Benzin, ein defekter Reifen, wir verlieren die Travellerschecks oder vergessen die wichtigste Zutat für ein Essen. Wenn Familien solche Konflikte miteinander teilen, *kann* sie das näher zusammenbringen.

Wir haben als Familie sehr, sehr viel Zeit miteinander verbracht, und nicht immer durchleben wir schwierige Zeiten. Meistens läuft sogar alles glatt. Aber wenn etwas Unangenehmes oder Schreckliches geschieht, auf das wir keinen Einfluß haben, stellen wir uns dieser Schwierigkeit und nehmen sie als einen wichtigen Faktor an, der uns zu einem noch engeren Zusammengehörigkeitsgefühl als Familie führt.

Sich einer solchen Krise mutig zu stellen, bringt uns natürlich nicht immer sofort einander näher. Oft sind wir dadurch auch äußerst stark belastet. Wir sind leicht reizbar und ärgern uns. Wir sollten uns an eine wichtige Sache erinnern: Wenn der Konflikt von der Familie ausgeht und ich böse und grob werde und meine Kinder oder meine Frau anschreie oder sie mich, dann kann uns dieser Konflikt entzweien, weil die Grundsätze, über die wir schon gesprochen haben, verletzt werden. Ein gewisses Maß an Ärger und Streß ist in einem Konflikt oder bei einem Unglück gewiß ganz natürlich. Aber die einzelnen Familienmitglieder müssen dies erkennen und sich nicht gegenseitig ihre Herzen verschließen. Wenn der Konflikt von außen an die Familie herangetragen wurde und wir einander nicht verletzt oder beleidigt haben, müssen wir uns einfach bewußt machen, daß wir in einigen Tagen oder Wochen vielleicht sogar lachend auf diese Erfahrung zurückblicken werden und erleben können, wie sie uns näher zusammengebracht hat.

Während eines Sommerfreizeitlagers, wo ich die Bibelarbeiten hielt, machten wir eine Erfahrung, die uns sehr zusammenschweißte. Kari und Greg halfen bei der Kinderbetreuung mit. Sie unterrichteten die kleinen Kinder der Eltern, die an der Freizeit teilnahmen. Nach dem ersten Tag sagte Kari zu mir: „Ich mag diese Freizeit nicht. Ich möchte bei euch untergebracht sein." Norma und ich erklärten uns damit einverstanden und sagten, sie könne in unserer Hütte übernachten. Wir wußten jedoch nicht, daß es gegen die Regeln dieses Lagers verstieß, wenn die Kinder bei uns übernachteten.

Die Verantwortliche der Kinderbetreuung, bei der Kari und Greg mitarbeiteten, erfuhr von dem Problem und sprach mit Kari. Am Ende fragte sie Kari, ob sie bereit sei, Gott eine Chance zu geben, die Umstände zu verändern und ihr wieder Freude an dem Freizeitlager zu geben. Schweren Herzens willigte Kari ein.

Am folgenden Tag wandelte sich die Situation für unsere Tochter völlig. Sie traf einen der „interessantesten Typen" in dem Lager, und beide wurden in der folgenden Woche gute Freunde. Sie knüpfte auch zu mehreren Mädchen Freundschaften und sammelte viele Erfahrungen, als sie die kleinen Kinder unterrichtete. Sie lernte eine wertvolle Lektion: Gott kann Umstände auch in den schwierigsten Situationen verändern.

Wir müssen heute immer noch über diese Freizeiterfahrung lachen und uns über die völlige Kehrtwendung in Karis Einstellung wundern. Sie spart heute ihr Geld, um wieder einmal zu diesem Freizeitlager gehen zu können – zu dem Camp, von dem sie unbedingt weg wollte.

Wenn man erst einmal verstanden hat, daß gemeinsam überstandene Schwierigkeiten Nähe vermitteln können, ist es fast enttäuschend, wenn alles ohne Komplikationen verläuft. Wenn etwas nicht nach unseren Vorstellungen läuft, wissen wir, daß das aufregend, aber auch entmutigend sein kann. Wir sind uns aber auch dessen bewußt, daß der Segen dieser Erfahrung sich in einigen Tagen oder Wochen einstellen wird.

Dieser zweite Teil des Geheimnisses, eng miteinander verbunden zu sein, hat etwas von einer „Schützengraben-Erfahrung". Jeder Soldat, der im Krieg schon einmal im Schützengraben mit anderen Soldaten einen gemeinsamen Feind bekämpft hat, wird wahrscheinlich die restlichen Jahre seines Lebens mit seinen Kameraden eng verbunden bleiben. Wie ist das zu erklären? Angenehme und unangenehme Erinnerungen schweißen uns zusammen. Sie spielen eine große Rolle für unsere Gespräche. Stellen Sie sich einmal vor, Sie säßen mit fünf anderen Personen in einem Aufzug fest. Jeder von ihnen wird mit den gleichen Problemen wie Hunger, Durst, Verkrampfungen, Angst, Unsicherheit usw. konfrontiert. Wenn diese Leute sich Jahre danach einmal wiedersehen, werden alle sechs über diese einzigartige Erfahrung reden und lachen. „Erinnern Sie sich, was geschah?" „Oh, ja, es war schrecklich!" Je gefährlicher, abenteuerlicher und herausfordernder unsere Erfahrungen sind, desto enger verbinden sie uns mit den Menschen, mit denen wir diese Erfahrungen gemacht haben.

Es ist sehr wichtig, als Familie zu den verschiedensten Zeiten eines Jahres etwas Gemeinsames zu unternehmen. Deshalb wollen wir über einige praktische Möglichkeiten sprechen, wie wir gemeinsame Zeiten verbringen können.

Praktische Möglichkeiten, das Leben miteinander zu teilen

1. Planen Sie regelmäßige Zeiten mit der Familie.

Es gibt keinen Weg, tiefe Beziehungen mit unseren Kindern zu knüpfen, wenn wir nicht viel Zeit mit ihnen verbringen. Deswegen sollten sich Eltern jeden Monat einige Minuten Zeit nehmen, um mit ihrer Familie feste Termine einzuplanen.

Zeit miteinander zu verbringen, ist eine Entscheidung, die wir treffen und auch einhalten müssen. Es mag Zeiten geben, wo wir nicht mit dem Rest der Familie zusammensein wollen oder wo wir glauben, keine Zeit zu haben. Dann sollten wir einmal auswerten, wie wir unsere Freizeit verbringen und welche Bereiche wir streichen können, um Zeit mit der Familie einzuplanen.

Manchmal planen wir mit der Familie einen Ausflug, und am Tag vorher sagt eines der Kinder, es wolle nicht mitfahren. Aber weil wir uns vorher auf diesen gemeinsamen Ausflug geeinigt haben, werden wir auch alle fahren. Wir als Eltern versuchen, möglichst nie zu sagen: „Ich möchte nicht mit" oder „Es gibt zuviel zu tun. Laßt uns das ein anderes Mal planen." Nicht eingehaltene Versprechen tragen maßgeblich dazu bei, die Herzen unserer Kinder zu verschließen. Wenn wir gemeinsame Zeiten einplanen, müssen wir auch sorgfältig darauf achten, diese Termine einzuhalten.

2. *Entdecken Sie bei jedem Familienmitglied, welches seine liebste Freizeitbeschäftigung ist.*

Wenn beide Elternteile übereingekommen sind, daß gemeinsame Zeiten mit der Familie wichtig sind, sollten sie dies mit ihren Kindern besprechen. Es kann sein, daß sich Kinder, deren Herzen verschlossen sind, gegen diese Idee sträuben. Die meisten Kinder jedoch werden gerne etwas Gemeinsames mit der Familie unternehmen.

Nachdem jedes Familienmitglied diesem Konzept der gemeinsamen Unternehmungen zugestimmt hat, sollten die Eltern jedes Kind persönlich bitten, die Aktivitäten aufzuzählen, die es am liebsten mag. Sie könnten wieder die Skala von 0 bis 10 anwenden: zehn wäre die Freizeitbeschäftigung, die den meisten Spaß macht und die größte Erfüllung bereitet.

Als wir dies in unserer Familie praktizierten, sagte Norma, das Ziel ihres Traumurlaubs, der eine 10 verdient hätte, wäre ein Ort, wo man gut einkaufen und Ausflüge machen könnte. Außerdem müßte ein Strand in der unmittelbaren Nähe sein, und es sollte gemütliche Restaurants geben. Kari hatte nahezu die gleichen Vorstellungen. Greg sehnte sich nach einen Ort, wo er fischen, wandern und tauchen konnte. Michael schloß sich dem an und fügte nur noch das Ballspielen hinzu. Meine Bedürfnisse deckten sich im wesentlichen mit denen meiner Jungen.

Wir legten unsere Listen zusammen und sprachen über Urlaubsorte, die finanziell erschwinglich waren und die auch unseren persönlichen Bedürfnissen in ihrer Verschiedenheit gerecht werden konnten. Wir wählten Catalina Island aus, eine Insel vor der Küste von Long Beach in Kalifornien. Die Insel verfügt über nette Geschäfte und Restaurants. Es gibt auch einen Strand mit wunderschönem klarem Wasser. Die Jungen und ich können dort wandern, schnorcheln, mit dem Atemgerät tauchen und fischen. Wir fuhren zwei aufeinanderfolgende Jahre im Sommer drei oder vier Tage dorthin und verbrachten zusammen eine wunderbare Zeit.

Die nachfolgenden Vorschläge könnten für Sie als Familie eine Hilfe sein, die besonderen Veranstaltungen oder Freizeitaktivitäten herauszufinden, die Sie gemeinsam unternehmen möchten.

Bei welchen Aktivitäten oder Veranstaltungen könnten wir gemeinsam als Familie teilnehmen?

– *Unser Leben in der Gemeinde*

Hauskreise _____

Gebetsgruppen _____

   Wann? _____

   Wo? _____

   Wie oft? _____

Gelegenheiten zum Zeugnis _____
(Missionsreisen)

   Wann? _____

   Wo? _____

   Wie oft? _____

Anderen in unserer Gemeinde helfen _____

   Wann? _____

   Wo? _____

   Wie oft? _____

– *Ausflüge oder Urlaubsreisen*

Was wäre mein Traumurlaub? _____

Was müßte dazu gehören? _____

Welche zwei Freizeitbeschäftigungen habe ich am liebsten? Eine dieser Aktivitäten sollte jeder genau beschreiben.

Welche Aktivität flößt mir Angst ein, oder was traue ich mir überhaupt nicht zu? Betroffene sollten Familienmitglieder bitten, ihnen zu helfen, diese Angst zu überwinden.

3. *Planen Sie gemeinsame Zeiten, bei denen Sie die Interessen jedes Familienmitgliedes mit einbeziehen.*

Nachdem wir über die Wünsche aller Familienmitglieder in bezug auf gemeinsame Aktivitäten Bescheid wissen, können wir einen Urlaub, Kurzurlaub oder einen besonderen Ausflug planen, bei dem die Bedürfnisse aller Familienmitglieder berücksichtigt werden.

Einige unserer Ausflüge erwiesen sich als ein Reinfall. Ich hatte darauf bestanden, daß wir in die Berge von Colorado fahren und irgendwo in der Wildnis an einem schönen Gebirgsbach zelten – viele Kilometer von einem Einkaufszentrum oder einem Restaurant entfernt. Es dauerte allerdings nicht lange, bis wir entdeckten, daß jeder mit einbezogen werden mußte – und das galt besonders auch für Mutti –, wenn wir wirklich eine schöne Zeit als Familie erleben wollten. Ich fand einen kleinen Bach in den Bergen in der Nähe eines kleinen, netten Dorfes. Norma konnte in wenigen Minuten zu Fuß dorthin gehen.

Unsere Familie verbringt jeden Sommer einen oder zwei Monate in einem Freizeitlager in Branson, Missouri. Ich halte dort Vorträge und stehe als Seelsorger zur Verfügung, während die Kinder an den Freizeitaktivitäten und an einer Ferienbibelschule des Lagers teilnehmen. Es gibt in der Nähe viele Möglichkeiten zum Fischen und Einkaufen. Dort ist überhaupt alles vorhanden, was wir uns nur wünschen können.

In einem Sommer haben Michael und ich dort eine besondere Erfahrung gemacht. Michael mußte noch an einem Wettkampf im Bogenschießen teilnehmen, um eine Urkunde zu bekommen. Er hatte nur noch einen Pfeil und brauchte noch sieben Punkte, was einen Schuß ins Schwarze oder direkt daneben bedeutete. Einige seiner Pfeile hatten das Ziel total verfehlt und waren im Wald gelandet. Deshalb war er jetzt ziemlich entmutigt. An der Universität war ich im Bogen-schießen eigentlich immer ganz gut gewesen. So versuchte ich, ihn zu ermutigen und ihm zu zeigen, wie er es machen sollte. Ich fühlte jedoch mit ihm und wurde das Gefühl nicht los, daß er nach all seinen Bemühungen doch keine Urkunde bekommen würde.

Michael spannte den Bogen, hielt einen Moment inne und ließ den Bogen ruhen. Er war sehr nervös. Ich klopfte ihm auf die Schulter und meinte, er solle die Sache nicht zu ernst nehmen: „Ich weiß, du kannst es schaffen." Er spannte den Pfeil nach hinten, legte den Bogen an seine Wange und schoß den Pfeil ab. Volltreffer! Wir sprangen beide hoch, schrien vor Freude und umarmten uns.

Eine solche Erfahrung bildet den Grundstoff, aus dem eine eng zusammengewachsene Familie gewoben wird. Aber dies geschieht nur, wenn wir erkennen, wie wichtig es ist, als Familie Gemeinschaft zu pflegen und gemeinsame Unternehmungen zu planen, bei denen die Interessen jedes Familienmitgliedes berücksichtigt werden.

Lieber Leser,
wenn durch die Lektüre dieses Buches in Ihnen persönliche oder seelsorgliche Fragen aufgekommen sind, so wenden Sie sich mit diesen bitte an einen Seelsorger Ihres Vertrau-ens. Gerne dürfen Sie sich auch an die
    Family Life Mission, Postfach 1965, 7640 Kehl
wenden, die von Walter und Ingrid Trobisch gegründet wurde. Erfahrene Seelsorger werden Ihnen antworten. Ihre Anfragen werden selbstverständlich vertraulich behandelt.

Arbeitsteil mit Fragen

Die Fragen und Aufgaben in diesem Arbeitsteil sind für das persönliche Studium gedacht, das dann wiederum zu einem Austausch in einer Gruppe führen kann. Diese Fragen können also entweder als Richtschnur für persönliches Nachdenken oder auch für ein Gruppengespräch benutzt werden. Wir schlagen vor, daß Sie sich zu Beginn Ihres ersten Treffens ein paar Minuten Zeit nehmen, damit sich jeder Teilnehmer vorstellt und ein wenig von seinem persönlichen Werdegang und seinem Glauben berichten kann.

Wenn es möglich ist, wäre es gut, immer einem anderen Gruppenmitglied die Leitung zu übertragen. Ist jedoch eine Person als Gesprächsleiter besonders begabt, könnten Sie diese Person wählen oder bestimmen, die Gespräche jede Woche zu leiten. Denken Sie daran: Die Aufgabe eines Leiters besteht einfach darin, das Gespräch zu leiten und zum Austausch zu ermutigen. Er oder sie sollte nie den Fehler machen, das Gespräch an sich zu reißen oder dominierend zu sein. Statt dessen sollte der Leiter alle Teilnehmer der Gruppe zur Mitarbeit ermutigen, damit jeder seine persönlichen Ansichten mitteilt. Der Leiter sollte sich bemühen, das Gespräch nicht vom Thema abweichen zu lassen, aber gleichzeitig auch zu einer lebendigen Diskussion ermutigen. Wenn ein Ziel Ihrer Treffen darin besteht, eine liebevolle Gemeinschaft aufzubauen, wäre es sinnvoll, eine Zeit einzuräumen, in der jeder seine persönlichen Sorgen und Nöte mitteilen und alle miteinander beten könnten. Dies können ausgesprochene und unausgesprochene Bitten und Dankgebete sein.

1. Wie man den Hauptzerstörer der Familie überwinden kann

1. Haben Sie als Eltern eines Ihrer Kinder je so behandelt wie Dr. Smalley seinen Sohn Greg in dem hier genannten Beispiel?

2. Umschreiben Sie mit eigenen Worten, was Dr. Smalley mit dem Begriff „verschlossenes Herz" meint.

3. Welches sind die fünf Schritte, um das Herz eines Kindes wieder zu öffnen? (Siehe Seiten 20-27)

4. Was sollten Sie tun, wenn Ihr Kind sich weigert zu vergeben?

5. Wo befinden Sie sich auf der Auswertungstabelle auf den Seiten 33-34?

6. Wieviele der Antworten von Kindern auf den Seiten 35-38 treffen auf Ihre Familie zu?

2. Kindererziehung mit positiven Ergebnissen

1. Welcher Elterntyp ruft die meisten negativen Eigenschaften bei Kindern hervor?

2. Welcher Elterntyp ist in seinen Reaktionen der unreifste?

3. Wiederholen Sie die vier wichtigsten Gründe für Vernachlässigung durch die Eltern, die in diesem Kapitel beschrieben werden.

4. Welches ist der wichtigste Grund, warum Eltern ihren Kindern alles erlauben?

5. Welches ist die positive Seite einer Erziehung, bei der alles erlaubt wird?

6. „Liebevolle und konsequente" Eltern sind eine ausgewogene Mischung von welchen beiden Elterntypen?

7. Nennen Sie die beiden wichtigsten Punkte bei einer Kindererziehung mit positiven Ergebnissen.

3. Liebevolle Unterstützung zum Ausdruck bringen – der wichtigste Aspekt in der Kindererziehung

1. Was bedeutet für Sie „bedingungsloses Sich-Einsetzen für mein Kind"?

2. Welche Zahl würden Ihre Kinder auf einer Werteskala von 0 bis 10 ankreuzen, um zum Ausdruck zu bringen, wie wichtig sie Ihnen sind?

3. Was bedeutet für Sie, „für Ihre Kinder ansprechbar sein"?

154

4. Was halten Sie von der vom Autor praktizierten „liebevollen Behandlung" seiner Kinder?

5. Warum ist es so wichtig, „aufmerksam zuzuhören"?

6. Lesen Sie noch einmal den Abschnitt über den Augenkontakt und sprechen Sie über Anwendungsmöglichkeiten.

7. Welche Eigenschaften sollte ein guter Zuhörer haben?

8. Sprechen Sie mit Ihren Kindern über die Bedeutung von „Zärtlichkeit".

4. Verträge bilden das Gegengewicht zur liebevollen Unterstützung

1. Dr. Smalley spricht davon, „Regeln und Grenzen" aufzustellen. Er zitiert Dr. Howard Hendricks, der gesagt hat: „Wenn Sie kein bestimmtes Ziel haben, werden Sie dies immer erreichen." Sprechen Sie hierüber in bezug auf Zucht und Strafe in der Kindererziehung.

2. Denken Sie über die drei Regeln nach, die Dr. Smalley auf den Seiten 72 und 73 aufstellt. Würden Sie dem noch etwas hinzufügen?

3. Was halten Sie von der Lernliste von „Grenzen", die auf den Seiten 73 und 74 zu finden ist?

4. Würden die Vorschläge auf den Seiten 79 bis 83 (nach einer gewissen Anpassung an Ihre Situation) in Ihrer Familie Erfolgsaussichten haben?

5. Welche „Privilegien" würde Ihre Familie vermissen, wenn sie ihnen genommen würden?

6. Zu welchem Zeitpunkt sollten Eltern beginnen, ihren Kindern „innere Qualitäten" (Punkt 6) zu vermitteln?

7. Was halten Sie von dem „Vertrag über das Autofahren", der in der Familie Smalley Anwendung findet (Seiten 88 und 89)?

8. Bereitet Ihnen der „Vertrag über die Disziplinierung" im letzten Teil des vierten Kapitels Schwierigkeiten?

5. Wie kann man Kinder motivieren?

1. Welche wirksamen Arten, Kinder zu motivieren, werden in diesem Kapitel genannt?
2. Welche der beiden Motivationsfaktoren, die auf Seite 99 genannt werden, ziehen Sie persönlich vor?
3. Auf den Seiten 102 bis 106 werden fünf Persönlichkeitstypen genannt. In welche Kategorie lassen sich Ihre Kinder einordnen? Ist irgendein Typ höher einzustufen als die anderen? Diskutieren Sie darüber.
4. Wie wird das „Salz-Prinzip" angewendet? Denken Sie an die Beispiele, die Dr. Smalley herangezogen hat, und beziehen Sie diese auf Ihre eigene Situation.
5. Warum sind „Beispiele" bei der Motivierung anderer so wichtig?

6. Zusätzliche Wege, Kinder zu motivieren

1. Sprechen Sie über den Unterschied, der darin besteht, ob Sie für Ihre Kinder Ziele setzen oder ob Sie ihnen helfen, ihre eigenen Ziele zu erreichen.
2. Sind Sie auch der Meinung, daß die größte Motivation oft von außerhalb der Familie kommt? (Vgl. S. 119)
3. Denken Sie darüber nach, was das Lob bewirken kann. Glauben Sie, daß das Lob soviel Macht hat, wie der Autor es darstellt?
4. Dr. Smalley empfiehlt Eltern, ihre Kinder mit einigen Freizeitaktivitäten bekannt zu machen und von ihnen zu erwarten, daß sie Dinge richtig erledigen. Welche Aktivitäten stehen Ihrer Familie zur Verfügung? Wie können Sie Ihren Kindern vermitteln, daß Sie das Beste von ihnen erwarten?
5. Stimmen Sie mit dem Autor überein, daß die meisten Menschen sich selbst beschränken, weil sie nur 8 % ihrer geistigen Fähigkeiten nutzen?
6. Dr. Smalley behauptet, daß ein Mensch um so weniger körperlich wie auch geistig leisten wird, je niedriger sein Selbstwertgefühl ist. Stimmen Sie dem zu? Welche Konsequenzen ergeben sich daraus für Ihre Kindererziehung?

7. Die Prinzipien 7 und 9 scheinen einander zu widersprechen. Sind trotzdem beide Regeln bei einem Kind anwendbar?

8. Welche Menschen werden von Ihnen bewundert?

9. Was denken Sie über die „Fernseh-Geschichte", die uns der Autor erzählt?

10. Sind Begeisterung und starke innere Überzeugungen so ansteckend, wie Dr. Smalley behauptet?

11. Wenn die Altersgenossen und Freunde Ihres Kindes so viel Einfluß auf Ihr Kind haben, wie der Autor behauptet, was sagt Ihnen das über den rechten Umgang für Ihr Kind?

12. Denken Sie über die Prinzipien 16–18 nach. Werden sie in Ihrer Familie positive Auswirkungen haben?

13. Halten Sie das Prinzip 19 für zu primitiv oder läßt es sich praktisch anwenden?

7. Das Geheimnis einer eng zusammengewachsenen Familie

1. Welche sechs Merkmale hat eine eng zusammengewachsene Familie (S. 140 und 141)?

2. Der Autor spricht davon, daß man „möglichst viel Zeit gemeinsam verbringt" und „ein Minimum an Zeit ohne die Familie verbringt." Wie könnte sich das in Ihrer Familie verwirklichen lassen?

3. Denken Sie zurück an einige gemeinsame Erfahrungen mit Ihrer Familie. Welche waren die besten, welche die schlimmsten, und warum empfinden Sie das so?

4. Planen Sie regelmäßige und organisierte gemeinsame Zeiten mit Ihrer Familie?

5. Wo und wie würde Ihre Familie am liebsten Urlaub machen?

6. Verbringen einzelne Mitglieder Ihrer Familie alleine ihren Urlaub und warum?

7. Wenn Sie noch einmal das Buch „Der Schlüssel zum Herzen unseres Kindes" an sich vorüberziehen lassen, welches Prinzip erscheint Ihnen als das Wichtigste und Praktischste in diesem Buch?

James Dobson

Das eigenwillige Kind
13,5 x 20,5 cm, 224 Seiten

»Manche Kinder scheinen von Anfang an recht leicht zu erziehen zu sein. Als Säuglinge schreien sie selten, schlafen ab der zweiten Woche jede Nacht durch, lächeln, wenn sie gewickelt werden und sind äußerst geduldig, wenn das Essen überfällig ist.

Später halten sie ihr Zimmer mit Begeisterung sauber, und das Hausaufgabenmachen bereitet ihnen große Freude.

Es gibt allerdings, befürchte ich, nicht viele solcher superbraven Kinder, obwohl es solche glücklichen Familien geben soll (meine eigene gehört nicht dazu).

So sicher es Kinder gibt, die von Natur aus aufs Wort gehorchen, gibt es andere, die vom Augenblick der Geburt an aufmüpfig sind. Sie kommen auf die Welt, schreien herum, weil ihnen die Temperatur im Kreißsaal nicht paßt, und schimpfen über das Krankenhauspersonal. Sie verlangen, daß die Mama sich ausschließlich ihnen widmet. Im Lauf der Monate nimmt die Fähigkeit, ihren Willen zum Ausdruck zu bringen, immer deutlichere Formen an«.

Dieser selbstbewußte kleine Kerl, den Dr. Dobson »Das eigenwillige Kind« nennt, ist ein wertvolles menschliches Wesen, dem man mit *Liebe* und *Autorität* begegnen muß.

»Das eigenwillige Kind« ist ein praktisches Erziehungsbuch, das auf eine warmherzige, humorvolle Art die Eltern anspricht, die täglich mit Disziplinfragen konfrontiert sind.

EDITIONS TROBISCH, 7640 Kehl/Rhein

James Dobson

Unsere Kinder sind unmöglich
13,5 x 20,5 cm, 206 Seiten

ISBN 3 87827 042 9

»Disziplin« – wohl kaum ein anderes Wort ist in den vergangenen Jahren stärker in Verruf geraten. Warum scheuen sich heute so viele, dieses Wort auch nur auszusprechen? Was ist eigentlich so »schlimm« an der Disziplin? Und welche Konsequenzen ergeben sich, wenn man auf Disziplin verzichtet? Das vorliegende Buch ist ein Plädoyer für den *Mut zur Disziplin,* gerichtet an Eltern und Lehrer, die vor der so überaus schwierigen Aufgabe der Kindererziehung stehen.

In unserer Zeit, wo der Drogenmißbrauch ein großes Problem unter jungen Menschen ist, werden Eltern und Lehrer die Informationen über diese so akute Gefahr besonders begrüßen. Dobsons Erfahrung als psychologischer Berater des Bundesrauschgift-Symposions der USA in Los Angeles verleiht dem Kapitel Gültigkeit und Tiefe. Das Lesen desselben bedeutet ein »Muß« für alle, die für die Sicherheit und das Wohlergehen von Kindern verantwortlich sind.
Wenn James Dobson über die Bedürfnisse von Kindern schreibt, so zieht er nicht nur seine wissenschaftlich fundierten Kenntnisse zu Rate, sondern kann auch aus einem reichen Schatz praktischer Erfahrungen – nicht zuletzt als Vater von zwei Kindern – schöpfen. Er arbeitete an Grundschulen, an Hochschulen und Universitäten. Als Schulpsychologe lernte er die oft so komplizierten Probleme, die schon Kinder haben, kennen und beurteilen.

Dieses wissenschaftlich fundierte Buch ist in einem leicht verständlichen Stil geschrieben, der auch für Laien zugänglich ist. Und gerade an sie, an die Eltern, die im täglichen Kampf um die rechte Erziehung ihrer Kinder stehen, wendet sich der Autor.

EDITIONS TROBISCH, 7640 Kehl/Rhein